从考古走向遗产

吉林大学考古学科遗产保护利用的实践与探索

吴　敬　王春雪　魏　东　　著
高梦玲　孙慧鑫　刘海琳

上海古籍出版社

本书获得了吉林大学考古学科"双一流"建设经费的资助

本书为吉林大学哲学社会科学青年学术领袖培育计划项目
（2019FRLX02）及 2019 年度吉林省社会科学基金项目
（项目编号：2019B193）的阶段性成果

2011 年 12 月，吉林大学文化遗产保护研究中心编制吉林省四平市二龙湖古城遗址保护规划时考察遗址（吴敬供图）

2012 年 2 月，吉林大学文化遗产保护研究中心编制吉林省梨树县偏脸城遗址保护规划时考察遗址（吴敬供图）

2014 年 6 月，吉林大学文化遗产保护研究中心编制吉林省前郭县塔虎城遗址保护规划时考察遗址（吴敬供图）

2016 年 1 月，作者吴敬在加拿大多伦多访学期间于皇家安大略博物馆门前（吴敬供图）

2016年7月，吉林大学本科生在河北涿鹿故城遗址进行田野考古调查
（魏东供图）

2016年11月，吉林大学本科生考察浙江省余姚市田螺山遗址博物馆
（高梦玲供图）

2018 年 1 月，作者吴敬与学生考察浙江省宁波博物馆（吴敬供图）

2018 年 7 月，吉林大学本科生在吉林省乾安县春捺钵遗址进行田野考古实习（吴敬供图）

目录

文物保护规划

考古遗址保护利用

博物馆展陈

文物保护规划

关于偏远型古遗址文物
保护规划的几点认识

——基于文物保护"十六字方针"的思考

　　2019 年 10 月,国务院核定公布了第八批全国重点文物保护单位,至此,我国正式公布的国家级文物保护单位共计 5 053 处,其中,古遗址类保护单位有 1 188 处,超过总数的四分之一。在这些古遗址中,既有身处要地、声名显赫的古遗址,也有地处偏远或鲜有人知的古遗址。除了全国重点文物保护单位之外,各地还存在着大量的省级、市级、县级文物保护单位,在这些级别的文物保护单位中,古遗址所占比例也不会低于全国重点文物保护单位。我国社会经济发展的速度日益加快,古遗址不仅受到自然因素的破坏,它们与经济发展之间的关系问题也越来越突出。

　　文化遗产保护专项规划已逐渐成为不可移动文物保护和社会经济协调发展的连接桥梁,虽然目前尚无明文规定所有级别的文物保护单位都要编制保护规划,但是当经济建设遇到古遗址时,保护规划便会成为文物保护、旅游开发以及其他相关项目的重要操作依据。当前对于古遗址保护的讨论,多数集中在大遗址或是大遗址片区上①,对其他类型古遗址,尤其是偏远地区古遗址的关注度明显不足。

本文所指的偏远型古遗址,主要是指远离城镇的古城址和地下遗址,这些遗址周边一般人烟稀少,或是有零星的居民,但基础设施较为薄弱。面对这些地处偏远的古遗址,如何在保护规划中将保护工作合理地、有效地与地方社会发展相衔接,已成为一个亟待思考和解决的问题。

一、对存在问题的思考

古遗址保护规划的编制,涉及面广,既有关于文物本体和周边环境的技术方案,又要兼顾和地方建设的协调,这些无论如何都离不开我国文物工作领域多年来一直坚持的十六字指导方针,即"保护为主、抢救第一、合理利用、加强管理"。但是,偏远型古遗址的保护规划在具体操作过程中,会有很多特殊情况,尤其是与十六字方针有关的问题,不得不引起我们的思考。

---

① 我国的大遗址主要是指反映中国古代历史各个发展阶段历史文化信息、规模宏大、价值重大、影响深远的遗址。2006 年,国家文物局和财政部联合出台了《"十一五"期间大遗址保护总体规划》,并同时公布了 100 处"十一五"期间重要大遗址。2011 年,国家文物局下发《国家文物博物馆事业发展"十二五"规划》,规划大遗址数量增至 150 处,并明确指出"十二五"期间要着力建设并基本形成西安、洛阳、荆州、曲阜、成都、郑州 6 个大遗址片区。

第一，关于"保护为主、抢救第一"的思考。

根据文物保护工作"保护为主、抢救第一"的方针，在一般情况下，非出于重要学术目的或面临重大破坏因素，对重要的古遗址，尤其是定为全国重点文物保护单位的古遗址，不进行大规模的主动性发掘，此外，也有一些其他原因造成了考古资料的缺乏①。目前国内科研机构为数不多的主动性田野考古工作一般都倾向于规模较大、等级较高、沿用时间较长的大遗址或重要遗址，对偏远地区古遗址进行的系统田野考古工作少之又少。在考古资料严重匮乏的情况下，会有两种情况：

一是地下遗址的分布范围很难界定，如吉林省汪清县百草沟遗址②，现为全国重点文物保护单位，地处偏远乡村，曾在 20 世纪 50 年代进行过考古发掘。虽然确定其为青铜时代遗址，但是当时的发掘面积小，时间已过去半个多世纪，曾经的发掘点已无从找起，而且没有任何标志物可以确定遗址的范围。

二是遗址内涵的研究很难深入，根据《全国重点文物保护单位保护规划编制要求》的规定，文物保护规划要对遗产进行专项评估，包括价值、现状、管理、利用等方面，其中价值评估位列各项之首。只有正确评估遗产价值、准确定位遗产地位，才能更好地发挥符合遗产自身特点的文化资源效应。目前，多数偏远型古遗址仅有的田野考古工作和研究不足以支撑这些遗址价值的准确评估，虽然规划编制者能在本体保护、展示利用等方面进行缜密规划，但由于无法准确把握遗产的内涵和价值，面对此类遗址时，规划编制者只能对遗产的历史价值、科学价值、社会价值及艺术价值进行笼统地概述，难以切准要害。

第二，关于"合理利用"的思考。

根据文物保护工作"合理利用"的方针，"展示利用规划"目前已成为文物保护规划的重要组成部分，例如修建城市和遗产地的连接道路、铺设文物本体和周边的参观道路、在遗址周边新建或改建展览场所等。但是，就偏远型古遗址而言，是否都需要展示，是否都可以展示，是否都有人参观呢？

例如：

有的偏远型古遗址深埋地下，考古工作滞后，地表无任何迹象。如吉林省汪清县百草沟遗址，现遗址所在地为一片基本农田，几乎没有展示对象。如果要进行展示就要以破坏农田为代价，这与我国农业政策的耕地红线可能产生冲突。

有的偏远型古遗址在人迹罕至的山区或边疆地区，如吉林省延边州磨盘村山城遗址[①]，地处延吉市和图们市交界山上，被定为东夏国时期的南京，该遗址城墙四至保存较好，而且也具有较

---

① 朴真奭：《城子山山城和土城村土城及其筑城年代》，《延边大学学报(社会科学版)》1987年第4期。"磨盘村山城"原名"城子山山城"，为吉林省延边朝鲜族自治州龙井县所辖，后划归延边朝鲜族自治州图们市境内，由于"城子山"这一地名有重要的情况，因此根据其所在地村庄命名为"磨盘村山城"。

高的历史地位,但是该遗址交通不便,而且近年来发掘成果的报道较为迟缓,部分遗迹的性质尚未有明确的认识。

因此,"合理利用"方针虽然可以使文化遗产资源成为促进地方社会经济发展的一个窗口,但是从现实情况出发,对于偏远型古遗址而言,在条件不完备的条件下,展示规划如何制定也不能一概而论。

第三,关于"加强管理"的思考。

有的偏远型古遗址上目前已无人类活动,有的偏远型古遗址上或是遗址周边,还有零星的居民点。如吉林省安图县宝马城遗址①,地处长白山腹地丘陵地带的农田中,虽然保存相对较好,但是没有任何基础设施;再如吉林省四平市二龙湖古城遗址②,被定为战国晚期燕国最北端的城堡,其远离市区,但在周边却有设施落后的村庄,虽然已列入总体搬迁规划,但在搬迁之前,如何对其进行管理和控制便是摆在文物工作者面前的一道难题。因此,基础设施的落后和老化,使偏远型古遗址的硬件设施难以与城市现有的设备快速对接,重新建设又需要大量人力和物力,与此同时,遗址上现有居民的搬迁安置又难以在很短时间内完成,如何处理好搬迁前的村庄与遗址保护的关系,也是管理者需要认真对

---

① 吉林省文物志编纂委员会:《安图县文物志·宝马城》,1985 年内部刊印。根据近年来的最新考古发掘成果,宝马城遗址确定为金代修建的皇家祭祀长白山的神庙遗址,因此又称为"金代长白山神庙遗址"。

② 四平地区博物馆、吉林大学历史系考古专业:《吉林省梨树县二龙湖古城址调查简报》,《考古》1988 年第 6 期。

待的问题。

因此,面对基础设施薄弱、搬迁安置缓慢等现实问题,如何对遗址进行行之有效的保护,如何对现有居民活动进行合理的管控,都是保护规划中需要考虑的问题。

二、对 策 与 建 议

"保护为主、抢救第一、合理利用、加强管理",是多年来指导我国文物工作领域的基本方针。但是,随着时间的推移和新情况的不断出现,尤其是在偏远型古遗址文化遗产保护规划的编制中,遇到了一些棘手的问题。而且,就上述问题来看,有些情况是在坚持十六字方针后出现的。如何在新形势下继续坚持文物工作十六字方针,使其在保护规划的编制中继续发挥积极作用,就需要对具体问题进行具体分析。

首先,在考古资料不足的情况下,建议对遗址进行小规模的考古工作。

在"保护为主、抢救第一"这一方针的指导下,我们不能轻易对全国重点文物保护单位进行大规模的考古发掘。但是,田野考古工作和科学研究是古遗址保护规划编制的前提条件,尤其是偏远型古遗址,其考古资料的缺乏为准确定位遗址性质以及保护工作的深入开展带来了很多不便。因此,为了更好地把握遗址内涵,可以在保护规划编制之前,在系统调查、科学论证的基础上,对资料缺乏的古遗址开展有针对性的小规模考古工作,包括小范围发掘、勘探、重点调查等,着重解决遗址堆积的年代和布局问题,并对遗址性质做出初步的判断,为遗产价值评估提供重要的参考资料。如辽上京遗址①,位于内蒙古巴林左旗林东镇南,虽然其不是偏远型古遗址,但地方政府为了更好地编制规划,请考古部门对辽上京皇城进行了全面勘探和重点发掘,这样便能对城内布局和重要遗迹有一个相对准确的把握,更好地提出保护措施和展示方案。

规划编制是一个长时间的过程,如果在规划编制之前尚未开展有效的考古工作和科学研究,那么在规划编制过程中,向文物行政部门报批各项手续,完成必要的考古工作,也未尝不可。为了对遗址进行有效保护和合理利用,文物行政部门可以制定一些相对灵活的措施,在不违背保护原则的前提下,对规划编制中的这些资料缺乏型遗址开辟小规模考古工作的"绿色通道",目的就是待遗址年代、布局、性质等问题初见端倪后,规划正式提交之前,对其中的相关内容进行补充和必要的修改。尤其是很多古遗址在规划编制完成后,随着规划考古工作的落实以及其他考古工作的开展,原有的规划设计不足以涵盖新的发现,如吉林省集安

---

① 董新林:《辽上京城址的发现和研究述论》,《北方文物》2006年第3期。

市高句丽国内城遗址①，原先的保护规划在编制时考古资料并不十分充足，而随着城市的发展，越来越多的遗迹暴露，修订规划就在所难免，如果能在保护规划审批之前，最大限度地获取考古资料，那么即便将来需要针对新发现修订规划，也会把修改幅度降到最低。

其次，在展示条件缺乏的情况下，可以提出展示原则，暂缓展示细节的规划。

文物古迹不仅标示着悠久而厚重的历史文化底蕴，而且也逐渐成为当地政府进行历史文化教育的重要基地，更是宣传和认识当地的一张老名片、一个新窗口。因此，当文化遗产作为一种资源被广泛认识后，它越来越受到重视，尤其是那些在历史上曾经发挥过重要作用的古遗址和大遗址，如殷墟遗址、唐大明宫遗址、元上都遗址等，它们已成为当地社会发展以及对外宣传的重要支撑点。

但是，更多的古遗址是以静静矗立在野外或是长眠于地下的形式存在的，对于这些历经几百年甚至上千年风雨的古遗址来说，很多都不具备展示和宣传的条件。尤其对于古遗址而言，展示在一定程度上也是对文物本体的破坏，与其费力展示，不如维持现状，以免造成不必要的资源浪费。在保护规划的编制中，面对这样的古遗址，是否就可以暂缓规划展示细节呢？我们认为这

---

① 吉林省文物考古研究所、集安市博物馆：《国内城——2000～2003年集安国内城与民主遗址试掘报告》，文物出版社，2004年，第1～3页。

是完全可行的,为了展示而展示的规划设计,既无核心展示对象,又无必要的展示条件,这样的遗址在保护规划编制中可以把规划的重点放在如何长久保护文物本体上,待将来考古资料充分、展示条件成熟后再编制单独的展示规划。同时也希望文物行政部门在规划的审批中不纠结于展示规划是否合理等问题,而是为不同类型的文物保护规划制定不同的审批标准。

再次,在配套规划滞后的情况下,建议以保护规划为核心,加强顶层设计。

地处偏远的古遗址,一般都会面临交通不便、基础设施薄弱、居民安置困难的问题,这也是保护规划落实中面临的最棘手问题。文物保护规划作为专项规划,其主要作用是针对特殊对象,辅助城市发展的总体规划,将文物保护规划合理、有机地融入地方社会发展规划中,也能在很大程度上促使规划的落实。这样,文物保护规划便不再是空中楼阁,才能真正成为社会发展的助推力。如陕西西安大明宫遗址公园[①],其虽然不是偏远型古遗址,但是大明宫遗址所在区域在改造前,也是地处城郊、基础设施薄弱的地区,该项目的实施将文物的保护利用和西安市的旧城改造、居民安置等问题有机地结合在一起,这一成功典范是地方政府和文物部门积极协调的成果。因此,文物管理部门要以文物保护规划为依据,最大限度地与地方政府进行沟通和协调,制定切

[①] 张关心:《大遗址保护与考古遗址公园建设初探——以大明宫遗址保护为例》,《东南文化》2011年第1期。

实可行的实施细则,自上而下进行合理的顶层设计,从以人为本的角度出发为搬迁居民和留守居民提供生活上的便利等。只有这样,文物保护工作才能得到遗址地群众的大力支持,而这些工作又需要由一个主要部门牵头,带动多个部门共同实施才能达到最优效果,否则,仅凭文物管理部门是很难将各项规划落实到位的。

余 论

综上所述,在文物保护规划的编制和落实过程中,偏远型古遗址所面临的问题已十分突出,而非偏远型古遗址可能也面临着一些相似的问题,前文所述只是较为明显的几个方面。能否在新形势下突破现有的评价机制和管理机制,已成为文物保护规划编制和落实中迫切需要解决的问题。我们只是针对一些问题进行简单思考,可能存在着一定的不当之处,但是我们希望能够引起相关学者和政府机构对文化遗产保护规划的重视,使其在促进文物保护的同时,对社会发展、经济建设发挥更大的作用。

文物保护规划中的
文物古迹用地刍议

　　近年来,文物保护规划已成为不可移动文物在保护、管理、考古、利用等工作中的重要依据,尤以全国重点文物保护单位为重中之重。全国重点文物保护单位保护规划的编制依据主要是国家文物局 2004 年颁布的《全国重点文物保护单位保护规划编制要求》(以下简称《编制要求》),其中提出规模特大、情况复杂的文物保护规划应包括土地利用协调等相关内容。作为全国重点文物保护单位,它们均有着自身的特殊性或复杂性,不少文物保护规划涉及对文物古迹所占地块进行性质调整的相关内容,即设置专门的文物古迹用地①。

　　长期以来,法律条文和学术研究都缺乏对文物古迹用地的详细阐释。笔者尝试以相关法律法规和规范标准为基础,谈一谈对

---

　　① 　河南省古代建筑保护研究所:《文物保护规划案例》,科学出版社,2009 年。与此同时,笔者在近年来的工作中也接触到了一些文物保护规划的案例,其中也有不少规划提出将文物古迹所在地块或是保护范围全部调整为文物古迹用地。

文物古迹用地及其规划问题的一些粗浅认识。

一、文物古迹用地的概念界定

文物古迹用地一词应包含两个核心概念，一是"文物古迹"，二是"用地性质"。

2015 年最新修订的《中国文物古迹保护准则》(以下简称《古迹准则 2015》)对"文物古迹"有着较为明确的定义："它是指人类在历史上创造或遗留的具有价值的不可移动的实物遗存,包括古文化遗址、古墓葬、古建筑、石窟寺、石刻、近现代史迹及代表性建筑、历史文化名城、名镇、名村和其中的附属文物;文化景观、文化线路、遗产运河等类型的遗产也属于文物古迹的范畴。"这一定义,基本已将所有的不可移动文物涵盖在内。

"用地性质"是城市规划管理部门根据城市总体规划的需要,对某种具体用地所规定的用途。2011 年,住房和城乡建设部颁布了最新版的《城市用地分类与规划建设用地标准(GB50137—2011)》(以下简称《城市标准 2011》),其中文物古迹用地被定义为"具有保护价值的古遗址、古墓葬、古建筑、石窟寺、近代代表性建筑、革命纪念建筑等用地",属于"公共管理与公共服务用地"。这一定义与《古迹准则 2015》相比更为明确,突出了文物古迹需"具有保护价值"这一要求,全国重点文物保护单位便是这一概念的集中体现。

不可移动的文物古迹,均有其土地载体。那么,根据《古迹准则2015》和《城市标准2011》的定义,是否可以将不可移动文物的所在地块直接界定为文物古迹用地呢?答案是否定的。

首先,《中华人民共和国文物保护法》(以下简称《文物保护法》)的条文中,没有将文物古迹所在地块必须确定为文物古迹用地的硬性要求。因此,国家文物局只是建议对规模特大和情况特殊者进行土地利用协调,而非调整。

其次,《城市标准2011》在定义文物古迹用地的同时,还特别强调"不包括已作其他用途的文物古迹用地",并在条文说明中以故宫和颐和园为例对这一条目进行了解释①。住建部随后颁布了最新的《村庄规划用地分类指南(2014)》(以下简称《村庄指南2014》),在"村庄公共服务设施用地"中虽然有文物古迹的一席之地,但在条文说明中也强调了独立占地的文物古迹用地才可归属此类用地的范畴。

由此可见,在《文物保护法》没有硬性规定、相关部门又有行业标准的情况下,不可移动文物所占地块能够被界定为文物古迹用地者需要有一个必要条件——尚未用作他途。但实际上,位于城市的文物古迹或地处闹市正待商用开发,或已成为园林、景点,而地处乡村和山区的文物古迹很多也都作为基本农田和重点林

---

① 《标准2011》的条文说明中指出,故宫和颐和园虽为文物古迹,但是已作为博物馆和公园,应分别归为图书展览设施用地和公园绿地,而非文物古迹用地。

区使用。基于规划标准明确要求"土地不重叠规划"①,在用地性质的界定中,除非地处荒野或是无既定功能,否则文物古迹所占地块很难被认定为单纯的文物古迹用地。因此,文物古迹所占地块虽然嵌入了不可移动文物,但若单纯地将其调整为文物古迹用地,不仅缺乏法律依据,也与相关规划标准不符或相悖,在执行过程中必然会遇到一定阻力。尤其是已作为城市景观、旅游景点、公用设施、商用地块、基本农田和林业建设的用地,在没有行政指令的干预或支持下②,很难实现土地性质的变更。

经过此番解读,可以发现文物古迹用地真正强调的应该是文物古迹本身,而非其所在地块的具体用途。对于全国重点文物保护单位的保护规划来说,似乎可以不用千篇一律地去追求用地性质的调整。如此,准确界定文物古迹的内涵并有序梳理文物古迹和所在地块的关系,应成为文物古迹用地的规划方向。

二、文物古迹用地的规划视角

依上文所述,文物古迹所占地块如已作他用,应延续其原有

---

① 陈秉钊:《初读新版〈城市用地分类与规划建设用地标准〉——兼谈新标准的特点与规划师责任》,《规划师》2012年第2期。
② 目前国家文物局与地方政府正合力打造多项国家考古遗址公园项目,如西安的唐代大明宫、北京的清代圆明园等,在强大的行政执行力和充裕的资金投入下,这些国家考古遗址公园已初具规模,并在很大程度上带动了地方社会经济的发展。

的用地性质。目前的情况，无论是城市还是乡村，很多文物古迹均位于已具有其他功能的地块之中。在用地性质原则上不作调整的前提下，如何做好土地利用协调规划，在不同的规划者眼中，仁者见仁、智者见智。笔者认为，文物古迹用地的规划视角可以包含以下两个要点。

第一，"定位"。

根据《编制要求》，全国重点文物保护单位的保护规划必须对文物本体有着准确的认识，即文物古迹的"定位"问题。如何准确认识文物古迹的本体范围和历史价值是文物保护规划的首要任务，这一内容在规划文本中所占篇幅虽然不多，但却需要进行广泛调查和深入研究。比如，对古遗址、古墓葬、石刻的深刻认识需要考古学、历史学、地学等学科的介入，对古建筑、石窟寺的深刻认识需要建筑学、艺术学、考古学、历史学等学科的介入，对近现代史迹等文物古迹的深刻认识需要历史学、政治学等学科的介入，而对历史文化名城、文化景观等遗产中附属文物古迹的深刻认识则需要更多的知识背景，甚至是人文社会科学和理学、工学、农学、地学等学科的跨界配合。

国家文物局已明确提出，古遗址、古墓葬类不可移动文物的保护规划编制必须有文物考古机构的参与，目的就是希望能对其本体有更加清晰的认识。如果能将这一经验推广到其他类型的全国重点文物保护单位，必然会对它们的深入了解和科学规划带来巨大帮助。

第二,"剥离"。

对文物古迹进行"定位"后,可以将文物本体从所在地块上"剥离"出来。文物古迹与所在地块是一个整体,为何要将两者"剥离"呢? 无论是地上附着的文物还是地下埋藏的遗存,在土地性质不作调整的前提下,要尽量避免与原有土地功能产生原则性矛盾。一旦产生矛盾,其后果无外乎是土地性质变更或文物古迹让位,而后者的可能性似乎更大。要使文物古迹不成为所在地块开发利用的绊脚石,就要将其从所在地块上"剥离",但"剥离"的是文物古迹的内涵和价值,而非载体。以"剥离"为手段,目的是在明确文物古迹本体的基础上将其价值凸显于所在地块,将文物古迹的利用融入既有的土地功能,从而更好地与社会经济发展相匹配,并最终获得"文化遗产,让城市更美好"[1]的发展蓝图。

因此,在精准"定位"和准确"剥离"的前提下,文物古迹用地规划才能更加有效地避免不可移动文物在具有其他功能的土地利用过程中受到伤害,并最大限度地发挥其价值。

三、文物古迹用地的规划目标

文物保护规划的终极目标是在加强保护的前提下,在考古研

---

　　① 　单霁翔:《文化遗产,让城市更美好》,《中国文化报》2010 年 6 月 23 日。

究和管理利用中,将文物古迹的历史价值和原貌尽可能地呈现在现代社会中。除考古研究工作毫无疑问地必须以文物考古机构为主导外,文物古迹的科学管理和合理利用,不是文物管理部门一家独大之事。而且在事实上,文物管理部门与其他社会经济管理部门相比,长期以来一直都处于相对弱势的地位,在人力、物力上也难以独立承担文物古迹的管理利用工作。如何正确处理相关部门对文物古迹所在地块的不同诉求,应成为文物古迹用地规划需要协调的核心内容。笔者认为,如何处理好各方"博弈",可以通过以下两种途径。

第一,"各行其是"。

将文物古迹所在地块调整为单纯的文物古迹用地,作为基层文物管理部门,仅全国重点文物保护单位就难以面面俱到,何况我国各省市区的各级文物古迹数以万计。如何在土地使用过程中更好地管理该地块中的文物古迹,就需要相关部门的共同参与。

所谓"各行其是",主要是指在文物古迹所占地块的管理中,以现有土地功能为基础,协调各方参与。例如,位于城市的文物古迹所在地块可能会涉及文物、住建、园林、市政等部门,而位于乡野山林的文物古迹则会涉及文物、农业、林业、水利等部门。文物古迹只是所在地块的组成部分之一,在管理中文物部门不能过分强调自身的作用。而且对于该地块所具有的其他功能来说,相关部门对各自管辖范围内的事务进行分类管理,也体现了"术业有专攻"的专业化精神。

第二,"同舟共济"。

当文物古迹所在地块的用地性质无须进行重大调整时,多数情况下文物部门能够与其他各部门妥善处理各自的分内事务。但是,我国当前的经济建设速度和城市化发展方向给文物古迹的保护与管理带来了很多不可调和的矛盾,尤其是地处城市、城镇或是城乡接合部的文物古迹,面临着巨大的挑战。文物部门在很多情况下,难以在城市建设中为文物古迹争取到应有的地位,各种因城市建设而导致的文物古迹破坏案件屡有发生。因此,如何将文物古迹的价值融入高速的城市化建设中,就需要相关部门共同应对。

所谓"同舟共济",主要是指在文物古迹所占地块的利用中,以多方协同合作为方式,倡导联合推进。城市化建设是为了城市获得更好的发展空间,从而提高人民生活水平,而文物古迹不应站在城市化建设的完全对立面。以陕西西安唐大明宫国家考古遗址公园和吉林集安高句丽世界文化遗产地为代表,在文物工作的带动下,以考古工作为前提,各级政府和部门积极参与到旧城改造、居民搬迁和土地开发中。通过原址保护、复原展示等手段,原有的文物古迹用地已脱胎换骨、焕然一新,极大地带动了遗址及周边区域的社会经济发展,为城市发展打造了新的增长点。虽然目前多见于一些知名的遗址点或遗产地,但是它们已经成为文物古迹推动城市建设的经典之作。这些案例的成功,不是文物部门单枪匹马能够做到的，而是"众人拾柴"的共同成果。若将文物古迹所在地块比作区域中的"一叶扁舟"，其体量虽小，但若各部门能够齐心协力地将文物古迹作为提升地块价值的核心要素，以文物古迹的妥善保护和合理利用为目标，不仅可以避免文物部门单一管理模式下可能导致的"手足无措"或"避重就轻"，而且能够为区域发展起到锦上添花的作用。

余 论

党和政府长期以来一直高度重视文物工作，近年来更是将其提升到国家战略高度。2014年2月，习近平总书记强调：历史文化是城市的灵魂，要像爱惜自己的生命一样保护好城市历史文化遗产。2016年2月国务院总理李克强主持召开国务院常务会议，部署加强文物保护和合理利用工作。3月，国务院印发《关于进一步加强文物工作的指导意见》，围绕当前文物工作中存在的突出问题，在落实责任、加强保护、拓展利用、严格执法等方面进行了部署。4月，习近平总书记对文物工作又作出重要指示：要增强城市宜居性、引导调控城市规模、优化城市空间布局、加强市政基础设施建设、保护历史文化遗产。

由此可见，文化遗产保护的长远之计，是将其与当代人的生活紧密联系在一起，而文物保护规划则为两者架起了共赢的桥梁。文物古迹所在地块的用地性质问题,已越来越成为文物古迹保护、管理和利用过程中的焦点问题之一。文物古迹用地规划所涉及的"两个要点"和"两种途径",是基于相关工作经验的总结和探索,但其重要性和可操作性是有成功经验可循的。在长期的坚持下,必然能够探索出具有中国特色的文物古迹保护利用模式,并在全社会关注和各部门努力下,使它们在城市和谐发展的道路上更好地传诸后世。

历史时期地方性城市遗址的
规划利用问题初探

——以吉林省辽金时期城址为例

　　2005 年,中国建筑设计研究院建筑历史研究所所长陈同滨教授在总结我国文化遗产保护工作的现状时提出,我国大遗址保护规划可分为 8 个类型,"大型古代城市遗址"便是其中一类①。次年,时任国家文物局局长单霁翔先生详细论述了我国大型古代城市遗址的保护意义、存在问题以及经验思考等,并将大型古代城市遗址的保护和利用提升到国家民族文明发展的战略高度②。从考古学意义上讲,大型古代城市遗址从史前时期就已出现,如浙江良渚古城、陕西石峁古城等,至明清时期一直都有发现和存留,但它们的保存状况和文化内涵却大相径庭。2009 年,陈同滨教授在进一步阐述我国大遗址保护规划的总体情况时,在前述 8

---

　　① 陈同滨:《城镇化高速发展进程下的中国大遗址背景环境保护主要规划对策》,《中国文物报》2005 年 10 月 7 日。
　　② 单霁翔:《关于大型古代城市遗址整体保护的思考》,《考古》2006 年第 5 期。

类大遗址保护规划中,将"大型古代城市遗址"修改为"历史时期城市遗址",其余 7 类基本不变①。由此可见,历史时期城市遗址在文化遗产保护利用工作中的地位和价值已悄然提升。

1961 年至 2019 年,国务院先后公布了八批全国重点文物保护单位。据统计,在古遗址类国保单位中,秦汉至清代的历史时期②城市遗址共 278 处③,除部分都城遗址,还有为数更多、性质各异的地方性城市遗址。由于都城在当时的重要地位,目前对历史时期城市遗址的规划利用多围绕都城展开,有些已取得了比较好的社会效应,如隋唐洛阳城址、元上都城、明清北京城以及高句丽王城等。

历史时期各时代的都城虽盛极一时,但从整体性上说,一座都城只代表了当时王朝的一个点,而市井生活的发生和历史进程的发展却无处不在,数量更多、文化面貌更为多样化的地方性城址更需要社会各界的关注。本文将结合笔者近年来的实际工作,以吉林省辽金时期城址为主要切入点④,就历史时期地方性城市遗址的规划利用问题谈一些粗浅的看法。

---

① 陈同滨:《中国大遗址保护规划与技术创新简析》,《东南文化》2009 年第 2 期。

② 关于历史时期考古的时间上限问题,在中国考古学界有两种不尽相同的认识:一种认为中国历史时期考古应始于公元前 21 世纪左右的夏代,理由是早期文献中已经有了关于夏王朝的记载;另一种认为中国历史时期考古应始于秦始皇统一以后,理由是秦统一以前虽然有了一些文献,但先秦文献数量很少,其中充斥了很多传说故事,而且中原以外的地区多数仍处于无史料记载时期。笔者赞同后一种观点,即中国历史时期考古的时间上限应始于秦统一。对于历史时期考古的时间下限,目前已基本达成共识,即清朝灭亡。

③ 参照国务院公布的全国重点文物保护单位名录,既包括时代为秦汉至清代的城址,也涵盖了秦代以前始建,沿用至秦代及其以后各历史时期的城址。

④ 本文所指的辽金时期城址,主要是指辽金时期修建并使用的城址。

一、吉林省辽金时期城址概况

1. 区域分布

吉林省乃至整个东北地区在历史上的第一次大规模城市化进程就是在辽金时期,大量州县城市拔地而起。吉林省辽金时期城址遍布全省各市县,其中以东北—西南走向的吉林哈达岭①以北至查干湖一带的平原地区最为密集,再往北的科尔沁沙地区域分布很少,吉林哈达岭以南的城址主要分布于辉发河河谷和延边地区。从这些城址的构筑类型来看,可以分为土城和山城,前者主要分布于吉林省中西部的农耕区,后者主要分布于吉林省东部的山区。

2. 级别划分

吉林省辽金时期城址被公布为全国重点文物保护单位的有11 处,分别是图们市的磨盘村山城、珲春市的裴优城址、蛟河市的前进古城址、前郭尔罗斯蒙古族自治县的塔虎城、梨树县的偏脸城城址、公主岭市的秦家屯城址和五家子城址、白城市的城四家子城址、扶余县的石头城子古城址、舒兰市的嘎呀河城址以及

---

① 吉林哈达岭位于吉林省的伊(通)舒(兰)地堑与辉发河河谷之间,是辉发河与饮马河、饮马河与东辽河的分水岭,北起吉林省吉林市的松花湖,南至辽宁省的抚顺市。

吉林市的乌拉街沿江古城址。与此同时,吉林省也公布了七批省级重点文物保护单位,除去被公布为全国重点文物保护单位的辽金时期城址外,仍有 54 处辽金时期城址位列省保单位。此外,还有大量市县级文物保护单位以及被毁严重而未列入各级文物保护单位的古城残址。

3. 内涵属性

吉林省所在区域地处辽金两朝的统治腹地,居民组成和风俗习惯前后相承,历年的考古调查和发掘也显示,各城址内辽金时期考古遗存的时代特征和文化面貌较为一致。虽然图们市的磨盘村山城已被确认为金代末年割据东北地区的东夏国都城遗址①,但东夏国的国祚仅 19 年(1215~1233 年),其经济文化基本延续金代②。而且,磨盘村山城依山傍水③,面对当时蒙古军队的进逼,城址的防御功能尤为突出,其性质更接近金末的军事要塞,只是规模较大而已。因此吉林省内辽金时期城址的性质,绝大多数应归入地方州县或军事城堡。

---

① 李强:《揭开东夏国的神秘面纱——吉林图们磨盘村山城发掘收获》,转自中国文物信息网, http://www. ccrnews. com. cn/index. php/Index/content/id/55952. html。
② 王慎荣、赵鸣岐:《东夏史》,天津古籍出版社,1990 年。
③ 朴真奭:《城子山山城和土城村土城及其筑城年代》,《延边大学学报(社会科学版)》1987 年第 4 期。"磨盘村山城"早年名为"城子山山城",隶属吉林省延边州龙井县,后来所在区域划归延边州图们市,并改名为"磨盘村山城"。

二、吉林省辽金时期城址利用现状

辽金两朝在中国东北地区古代史上曾扮演过重要角色,吉林省辽金时期城址有些已被作为当地的重要历史文化资源对外宣传,如农安古城所在的农安县便一直以"直捣黄龙"之"黄龙府"自居,但实际上这些城址的利用情况却不尽如人意。根据多年来的调查研究和文物保护工作实践,吉林省辽金时期城址在利用方面存在着以下一些较为普遍的问题。

1. 规划工作相对滞后

我国的不可移动文物保护规划理念大约出现于 20 世纪 90 年代中期前后,一些全国知名的大遗址率先编制了专项文物保护规划,起到了较好的示范作用①。在吉林省,也有世界文化遗产——集安高句丽王城王陵保护和利用的成功案例。高句丽王城王陵保护规划编制至今已有十余年,保护措施和旅游开发都已步入正轨,在集安市取得了遗产保护和社会经济相互促进的双赢局面②。虽然从规划编制到方案实施有很长的一段路要走,但若缺乏科学的规划,将会在利用过程中出现无助、短视和盲目等弊端。

---

① 陈同滨、王力军:《不可移动文物保护规划十年》,《中国文化遗产》2004 年第 3 期。
② 韩福今:《集安市高句丽遗址保护与城市建设、旅游开发的协调发展》,《江苏城市规划》2009 年第 1 期。

吉林省辽金时期城址列入全国重点文物保护单位者,多数正在报批或正在编制,省级重点文物保护单位的保护规划也少有编制。保护规划通过审批后,对相关城址的保护工程、考古工作和展示利用起到了非常重要的指导作用①。但是,据笔者所知,其他省级及其以下级别的文物保护单位,限于经费和人员等问题,多数还未将编制保护规划列入工作日程。

2. 路线交通较为不便

吉林省各地方虽然有意将当地辽金时期的重要城址作为历史文化名片进行宣传,但很多城址或位于远离城市的村落,或位于人烟稀少的田间,更有甚者位于人迹罕至的丛林深处和高山之巅。位于平原地区的城址,虽然多数有乡道、村路能够抵近或路过,但绝大多数没有路标,除非有相关人员带路或特意寻找,否则难以准确到达。相比之下,山城的交通问题则更为棘手,除缺少路标外,多数山城的攀登道路可谓险阻,登临后又难以准确找寻城址迹象②,

---

① 磨盘村山城和城四家子城址的保护规划分别于 2013 年(文物保函〔2013〕844 号)和 2014 年(文物保函〔2014〕1924 号)通过国家文物局审批,2014 年和 2015 年的连续主动性发掘,对城址布局、建筑特点和文化面貌有了更为系统的认识,相关的保护方案也陆续获得了国家文物局的立项(文物保函〔2014〕1564 号、文物督函〔2015〕2023 号)。宝马城遗址的保护规划由笔者执笔完成,2013 年 8 月通过吉林省文物局的审批,为后来的考古工作和保护工程起到了非常重要的作用。

② 例如,位于吉林省蛟河市城区东北约 40 公里张广才岭上的前进古城,属于典型的辽金时期山城遗址,位列 2013 年公布的第七批全国重点文物保护单位。2015 年吉林省文物考古研究所为配合保护规划的编制对该城址进行了主动发掘。笔者在发掘期间上山进行了考察,从市区出发至山脚下,历经一个多小时,沿途无任何标示古城方位的路标,距离城址最近的三河村也有 5 公里。从山脚下开始上山的道路是考古队长期摸索后选择的捷径,无路更无牌,完全是配合考古发掘而临时走的山路,而且林木茂密、道路崎岖,山顶的遗址更是由考古队员带领方可准确到达。

吉林省内多数辽金时期山城面临此类问题。

道路交通问题不是一朝一夕能够解决的问题,虽然在文物保护规划中会有总体要求,但实施起来牵涉部门众多、经费投入巨大、短期效益微薄,远比规划设计要困难许多。吉林省在全国范围内属于经济欠发达省份,地方财政的捉襟见肘以及文物部门的人微言轻,当地政府不太可能为一座或几座古城址投入改善交通条件的专款。这在很大程度上制约了这些古城址融入现代社会,虽然偶有爱好者的访古或是驴友们的涉足,终究无法形成"纷至沓来"的集团效应。

3. 展示内容略显单一

吉林省内的辽金时期城址虽然在保存状况和规模大小上存在很大差异,但就文化面貌和遗存特征而言,大体相近。例如:土城以夯土构筑城墙,四边城墙开城门,城墙外或有护城壕存留;山城多数筑于山顶,利用部分山崖作为墙体,局部垒砌石墙或土石墙体。虽然各城址都有其自身的历史,但在展示利用时,极易出现"千城一面"、"看一城而知全部"的情况。

如此一来,多数城址便失去了保护和利用的现实意义,吉林省内为数众多的辽金时期城址,只需在各地选择一两处典型的土城和山城作为展示对象便可使知晓全貌。遗产保护又重新回到"为保护而保护"的原点,遗产本身也失去了在当代社会中应当承担的社会价值和传承使命。

三、吉林省辽金时期城址利用建议

关于吉林省辽金时期城址利用过程中普遍存在的这些问题，笔者认为，不妨从以下几个方面进行有针对性的考虑。

1. 筹措规划经费、扩充专业人员

遗产保护、规划先行，这是多年来我国文化遗产保护规划工作的成功经验[①]。国家文物局已建立了全国重点文物保护单位的规划立项机制，这意味着规划编制经费由国家投入，事实上吉林省内的全国重点文物保护单位也均已获得了规划编制的立项。但全国重点文物保护单位毕竟是少数，原则上省级重点文物保护单位也需编制保护规划，因此编制经费便是摆在各地文物管理部门面前的首要问题。经费到位之后，要聘请专业单位编制规划。目前国内能够独立承担全国重点文物保护单位规划编制的甲级资质单位约有几十家[②]，面对已经公布的前七批共 4 291 处国保单位以及数量更加庞大的省保单位，工作压力可想而知。面对这

①　单霁翔：《关于大型古代城市遗址整体保护的思考》，《考古》2006 年第 5 期。
②　国家文物局 2003 年 6 月下发《文物保护工程勘察设计资质管理办法（试行）》（文物办发〔2003〕43 号），2005 年 8 月正式发布施行，2014 年 4 月下发修订后的《文物保护工程勘察设计资质管理办法（试行）》（文物保发〔2014〕13 号），截至 2015 年底，国家文物局网站历年来审批公布了多批甲级资质单位，但由于很多单位的业务范围发生变更等情况，可能有所遗漏，难以做到精确统计，只能是大致数据。除甲级资质外，能够独立从事省级及以下级别文物保护单位规划编制的乙级资质主要由省级文物主管部门审批，准确数字掌握在各省级文物管理部门手中。

样的现实情况,需要各级管理部门打破常规、调整思路。

首先,争取财政资金。在省级文物主管部门每年的文物保护专款中,划拨一定经费用于省级或以下级别文物保护单位的规划编制,同样采取申报、评审、立项、编制、报批相结合的机制,逐步解决一部分问题严重或是有迫切需要的遗址规划经费,从而为遗产保护和地方发展提供参考依据。在有条件的地区,由地方文化主管部门主导,对位于本地区的省级重点文物保护单位以及较为重要的市县级文物保护单位采取同样的方式进行操作。

其次,吸纳其他资本。完全依靠财政来解决文物保护规划的编制经费是相当困难的,也是难以实现的。因此,对于一些有迫切利用需求的遗址,可以抓住时机,引入非文物保护经费①作为前期规划的投入。

再次,扶持专业队伍。除国家文物局继续按要求批准甲级资质单位外,各地可以根据实际情况,由省级文物管理部门灵活把握原则,鼓励、扶持一批具有地方特色的单位充实规划编制队伍,一来可以分担部分甲级资质单位的工作压力,再者本地单位对遗

---

① 由笔者执笔编制的宝马城遗址保护规划,便是由地方非文物管理部门主导的,原因在于2013年吉林省长白山管委会成立了吉林省长白山宝马经济区,提出将宝马城遗址作为重点开发利用的文化旅游对象,规划编制经费主要由管委会下属部门投入,规划获批后,各项工作均取得了较好的成绩。根据早年考古调查的零星资料(吉林省文物志编纂委员会:《安图县文物志》之宝马城,1985年内部刊印),学术界以往一直把宝马城遗址作为唐代渤海国的一个州城。规划完成后,经过2014—2019年度的考古工作,已完全否定了原先的认识,确认宝马城遗址为金代皇家祭祀长白山的神庙遗址。各类保护措施和临时展示设施已陆续开展,待系统的考古工作结束后,便会按照保护规划的要求进行各类相关展示利用措施的设计和施工。

址特点、社会发展和利用方式的把握也会更加准确,制定更加符合地方实际的规划①。

2. 设计合理路线、试点区域联动

面对逐渐升温的历史文化旅游需求,各地政府都在迫切寻找提升本地区历史文化底蕴的亮点。但是,交通不便成为摆在吉林省辽金时期城址利用过程中无法回避的现实问题,从规划编制者和普通游客的角度出发,吉林省辽金时期遗址利用中的交通联系问题可以进行以下尝试。

首先,实施交通指向工程。在各级政府的协调下,由地方文化或文物管理部门主导,联合交通、规划等单位,在高速公路、国省干道等重要交通节点设置道路指示牌②,在出行方式多样化的当今社会,使人们能够较为便捷地到达城址所在城镇。同时,结合城区道路和县乡村路网结构,以景区指向方式规划衔接"城(镇)→村落→城址"的路牌指向,使当地群众和普通游客都能够根据路牌指向到达城址所在地。

再者,试行区域横向联动。已有学者提出"区域性文物保护

---

① 吉林大学文化遗产保护研究中心成立于 2011 年,成立之初便得到吉林省文物局的大力支持。截至 2019 年底,中心人员参与和主持了 10 多项全国重点文物保护单位和省级重点文物保护单位文物保护规划的编制工作,以及其他大量服务地方社会的咨询工作,受到了吉林省各级部门和单位的广泛好评。

② 以吉林省前郭尔罗斯蒙古族自治县塔虎城遗址为例,该城址位于前郭县城西北,距离其最近的高速公路出口是珲乌高速公路长山、新庙出口。在绿底白字的"长山、新庙"出口指示牌旁悬挂了棕底白字的旅游景点指示牌——"查干湖旅游区",而塔虎城遗址作为吉林省中西部地区最为重要的大型辽金时期城址之一,高速公路后又有国道长白公路可以直达遗址,却没有任何道路标示,甚为可惜。

规划"的概念,提倡对本地区不同时期的各级文物保护单位进行联动开发①,似可将其定义为"区域纵向联动"②。辽金时期作为吉林省历史进程中的重要环节,是否可以考虑将一定地区或是跨地区同为辽金时期的重要城址进行捆绑规划、联合开发,或称之为"区域横向联动"③。这样,在节约开发成本、优化利用模式的同时,也在一定程度上调动了地方政府的积极性,关键是能突出展现区域内辽金时期的城市化特点④,使人们对当时的城市面貌有更为深刻的认识。

3. 把握历史脉搏、开发相关产业

文化遗产的利用可分为三个层次——览古迹、读人事、辨古今,针对人们越来越高涨的历史文化追求,吉林省作为文物资源相对匮乏、起步工作相对滞后的地区,对于历史时期地方性城市遗址的利用,就更需要借鉴先进经验,形成自身特色。

首先,以人物和事件吸引人。已有学者关注到"事件性"在

---

① 师焕英:《关于区域性文物保护规划的思考》,《建筑与文化》2013年第10期。

② 国内一些知名景区或旅游产业较为成熟的地区,早已将本地区甚至是跨地区的历史文化景点或自然风光景区进行捆绑,使游客能够以最为经济的方式感受地方特色景点。

③ 在吉林省古代遗址的开发利用中,早已存在这种模式,这就是世界文化遗产——高句丽王城王陵的旅游联动。集安市将丸都山城、国内城、好太王碑、将军坟等遗址点的游览紧密串联,突出展示汉唐时期东北地区高句丽政权的都城特征和墓葬习俗,但是其所在区域基本限于集安市范围内。

④ 根据《辽史·地理志》记载,一般的州级城市都下辖多个县级城市,从吉林省乃至东北地区辽金时期城址的分布情况来看,基本也是一个大型城址周边围绕多个中小型城址。

革命旧址类文物保护单位红色旅游中的重要作用①,吉林省辽金时期城址的利用似可参考这一理念。对于史籍上仅有只言片语记载的辽金时期城市而言,通过历史学、考古学的研究,将重点城址与重要人物、重大事件联系起来,确立"重点城址、一个主题"、"多个中心、全局联动"的规划理念②。如此一来,游客看到的是辽金时期的古城古物,了解的是辽金时期的人物事件,知晓的是辽金时期的社会历史。

再者,以产业和服务留住人。当今社会中,走马观花式地到此一游已不能满足地方社会经济发展的胃口,只有把游客留住,才能带来更好的效益③。以吉林省辽金时期城址为例,也可以在区域内打造一些知名文化产业品牌。例如已被确认为金代皇家祭祀长白山神庙遗址的宝马城遗址,便可设计一系列与长白山祭

---

① 沈旸、蔡凯臻、张剑葳:《"事件性"与"革命旧址"类文物保护单位保护规划——红色旅游发展视角下的全国重点文物保护单位保护规划》,《建筑学报》2006年第12期。

② 以白城市城四家子城址为例,该城址为全国重点文物保护单位,现已确认为辽代长春州、金代新泰州(宋德辉:《吉林省白城市城四家子古城应为辽代长春州金代新泰州》,《博物馆研究》2008年第1期)。若以辽金时期普通地方性州城进行宣传,其重要性并不显著。但是,在辽代有一项重要的"捺钵"制度,即皇帝每年四季在不同的区域活动,根据《辽史》记载,四季捺钵中"春捺钵"的主要活动区域便在长春州附近,长春州的主要职责可能就是负责每年的"春捺钵"活动。而且通过近年来的工作,现已基本确认"春捺钵"遗址群(第七批全国重点文物保护单位)便位于城四家子城址东南约100公里的乾安县(吉林大学边疆考古研究中心、乾安县文物管理所:《吉林省乾安县查干湖西南岸春捺钵遗址群调查简报》,《边疆考古研究》第18辑,科学出版社,2015年)。因此,如果将帝王活动作为城四家子城址的宣传亮点,并通过跨区联动,以"辽帝捺钵文化"为主题与乾安县"春捺钵"遗址群进行整体规划和利用,效果必定事半功倍。

③ 这样的成功范例在国内人文和自然景区中已有不少,如开封打造的北宋都城历史文化主题公园——清明上河园、桂林打造的大型山水实景演出——印象·刘三姐等,都取得了较好的社会效益和经济效益。

祀活动有关的利用和服务项目,从而优化单纯的自然风光游,使人们在领略长白山天造之美的同时,还能感受更多的历史文化气息。

余　论

单霁翔先生曾在 2010 年上海世博会期间提出了城市中文化遗产保护利用的新理念——"文化遗产,让城市更美好"[①]。文化遗产保护的长远之计,是要将其与当代人的生活紧密联系,为此,文化遗产不仅要让城市更美好,更要让"生活更美好",这样才能唤起全社会的共同关注,从而更好地将其传诸后世。吉林省辽金时期城址的规划和利用问题非一朝一夕可以见到成效,但是这并不意味着可以回避问题、不去思考。综观全国,同样或类似的问题也普遍存在于其他省区以及其他时期的古遗址类文物保护单位中,希望能够有更多的研究者和管理者来思考并付诸实践。

---

① 单霁翔:《文化遗产,让城市更美好》,《人民日报》2010 年 8 月 3 日。

考古遗址保护利用

文化遗产不能轻保护重利用

习近平总书记指出："历史文化是城市的灵魂，要像爱惜自己的生命一样保护好城市历史文化遗产。"所谓文化遗产，主要是指具有历史、艺术和科学价值的不可移动的文物，即文物古迹。它是指人类在历史上创造或遗留的具有价值的不可移动的实物遗存，包括古文化遗址、古墓葬、古建筑、石窟寺、石刻、近现代史迹及代表性建筑、历史文化名城等及其附属文物，以及文化景观、文化线路、遗产运河等。

面对逐渐升温的历史文化旅游需求，各地政府都在迫切寻找提升本地区历史文化底蕴的文化遗产亮点，它们正逐渐成为国内旅游目的地的新热点，不断地丰富全国各地的旅游主题。从目前的状况来看，除传统的博物馆展览外，遗址博物馆、古建筑等已成为旅游产业的重要组成部分，而国家着力打造的考古遗址公园和线性文化遗产已获得了良好的社会效应，它们正开创着我国文化遗产保护利用事业与地方社会经济发展有机结合的新篇章。但是，有的地区和部门存在重利用轻保护的现象。近年来，各地不断出现一些地下历史文物被破坏的事件。据《光明日报》2014年4月24日报道称,2013年1月,住房与城乡建设部会同国家文物局联合下发通知,对山东省聊城市、河北省邯郸市、湖北省随州市等因保护工作不力,致使名城历史文化遗产遭到严重破坏、名城历史文化价值受到严重影响的情况进行通报批评。据新华社2002年4月19日报道称,"由于一家房地产开发公司未经批准擅自施工,使位于沈阳市区内的一处大型汉代古墓葬群遭到破坏"。我国是历史悠久的文明古国,无论是何级别的文物保护单位,它们都具有悠久厚重的历史文化底蕴。文化遗产作为一种社会资源,可以通过对它的合理利用,发挥其在宣传、教育、文化、旅游等领域的重要作用,并成为对外宣传和吸引游客的"老名片"和"新窗口"。但这种利用必须是在保护好的前提下进行利用,我国的文物古迹有很多是通过考古发现、研究和保护彰显其价值的,如北京周口店北京猿人遗址、陕西秦始皇兵马俑、河南安阳殷墟遗址等,有的书写了新的历史篇章,有的是发现了重要的历史人物及其相关信息。通过考古挖掘和科学保护,很多重要考古发现已经成为各地旅游产业的招牌。

历史文化和文物是不可再生资源,我们要警惕轻保护重利用的倾向,正确处理保护与利用、继承与创新的关系,加强历史文化抢救、挖掘和文物保护工作,落实"保护为主、抢救第一、合理利用、加强管理"的工作方针,增强全社会的文物意识与文物保护的法制观念。各级领导必须重视文物保护工作,特别是党政主要领导要树立"保护文物,守土有责"的意识,把文物保护工作纳入各级党委、政府的重要议事日程,纳入领导任期目标考核内容之一。同时要加大监督和检查的力度,要组织专家组对各地申报的国家级名录项目进行检查和监督,对没有采取有效保护措施的加以保护,保护不力的要限期予以改正,对于不能很好落实保护措施的要在名录中除名。

不可移动文物展示利用的关联性研究

——以宁波市区宋元时期遗址为例

党的"十八大"以来,习近平总书记多次强调"让文物活起来",要充分发挥历史博物展览"见证历史、以史鉴今、启迪后人"的作用。2018 年 7 月,中共中央办公厅、国务院办公厅印发了《关于加强文物保护利用改革的若干意见》,其中强调——坚持创造性转化、创新性发展。强化国家站位、主动服务大局,加强文物价值的挖掘阐释和传播利用,让文物活起来,发挥文物资源独特优势,为推动实现中华民族伟大复兴中国梦提供精神力量。因此,从党和国家的方针政策着眼,阐释好文物、利用好文物在未来社会经济发展中所发挥的作用将越来越突出。目前,可移动文物的展示利用主要集中在博物馆中,随着展陈理念的不断更新、展陈方式的不断多样、展陈技术的不断提高,可移动文物在博物馆中的展示利用已成为参观者认识文物、了解历史的重要媒介。

相比之下,我国各地都保存有数量庞大的不可移动文物,其中很多以"遗址"的形式留存。如何让这些遗址为古人说话、为今人所知,是文物利用所面临的棘手问题。就单个遗址来说,一个遗址就是一个"点",但是任何遗址都存在于一个时空框架之中,不同地区同一时代的遗址或是同一地区具有传承关系的遗址,构成了横向或纵向的"线",同一地区同一时代的遗址又可以组成共时的"面"。

目前,国家文物局在不可移动文物展示利用领域投入较大,例如国家考古遗址公园的建设,其中比较有代表性的有良渚古城、三星堆、大明宫等。这些遗址都是同一时期最具代表性的不可移动文物,规模宏大、特点鲜明。但是,这些遗址公园多数以单个遗址"点"的形式展现,而在各地区发现的遗址,很多都是呈"线状"或"面状"分布。本文拟从城市遗址发现较为密集的宁波市区入手①,对不可移动文物展示利用所蕴含的关联性问题进行初步的研究。

一、宁波市区宋元时期城市遗址的发现概况

宁波古称明州、庆元,宋元时期是海上丝绸之路的重要始发港,因此历年来在宁波市区,即明州罗城和子城内,发现了大量的

---

① 本文所指的宁波市区,主要是指宁波老城区,即唐宋元明清时期的明州(庆元)罗城范围,北、东以余姚江、奉化江为界,西、南以新开挖的护城河为界,即今长春路至望京路一线。

宋元时期遗存。这些遗存有与海上丝绸之路相关的遗迹，也有其他大量的城市遗迹。

（一）港口码头类遗迹

1. 渔浦码头遗址

2006年在宁波市海曙区和义路东段发现了码头遗迹，该遗迹仍可见残存的木桩基础、石条和石块等，其中宋代地层中出土了少量瓷片，元代地层中出土少量龙泉窑青瓷残片，应是南宋时期供船舶进出和贸易往来的码头遗迹①。

2. 东门口码头遗址

1978年在"三江口"西侧的东门口地带发现了海运码头3处、古船1艘，码头Ⅰ和码头Ⅱ仍残存木桩、条石等，码头Ⅲ存在条石、块石、木桩、石片等，该遗址出土了大量瓷器，主要为宋、元两个时期，另还有少量唐代越窑青瓷②，说明东门口码头遗址在唐代时已兴起，宋元时继续沿用。

3. 月湖西区马衙街南遗址

2015年在宁波市月湖西侧马衙街南发现了墓葬、木桩和排水沟等遗迹，其中晚唐至北宋地层中残存木桩、石条和石块等，出土了大量瓷器和钱币，该遗址可能是一处晚唐至宋初的码头

---

① 张华琴、丁友甫：《浙江宁波南宋渔浦码头遗址发掘简报》，《南方文物》2013年第3期。

② 林士民：《宁波东门口码头遗址发掘报告》，《再现昔日的文明——东方大港宁波考古研究》，上海三联书店，2005年。

遗址①。

（二）市舶仓储类遗迹

1. 市舶司遗址

1995 年在东渡路和新街地块发现了市舶司遗址，清理出宋元市舶司仓库基址、地坪，并出土了大量瓷器。除宋元时期的瓷器之外，还发现有唐五代的越窑青瓷、唐代长沙窑瓷器以及大量明清时期的瓷器②，该遗址从唐代至明清时期一直是市舶活动的重要场所。

2. 永丰库遗址

2001 年在府桥街以南、公园路以东发现了永丰库遗址，此次考古发现的仓库基址，经考证该遗址为元代的永丰库，其职责是收纳各种费用和断没赃罚款。该遗址出土了大量各窑口的瓷器以及其他遗物，反映了宁波在古代对外贸易中的重要地位③。

（三）航运类遗迹

1. 天封塔地宫遗址

1982 年在海曙区大沙泥街西侧发现了天封塔地宫遗址，天

———————————

① 笔者于 2018 年 5—6 月参与了该遗址的资料整理，发现晚唐到北宋时期的越窑瓷器数量很多且重复率高，并且有木桩遗迹的存在，因此笔者推测该地可能存在一处码头遗址。
② 林士民：《浙江宁波市舶司遗址发掘简报》，《再现昔日的文明——东方大港宁波考古研究》，上海三联书店，2005 年。
③ 宁波市文物考古研究所：《永丰库：元代仓储遗址发掘报告》，科学出版社，2013 年。

封塔是一处标志性的高层建筑,其对于往来船只或有航标的
功能①。

2. 天后宫遗址

1982 年在东渡路和江厦街一带发现了天后宫遗址,清理出
元明清各时代的天后宫建筑基址。该遗址位于市舶司遗址北侧,
为航海客商所建造,元代地层出土了大量的元代龙泉青瓷,并夹
杂有少量南宋龙泉窑的产品。由此推测天后宫遗址始建于元初,
并且为后世沿用②。

(四) 其他城市遗址

除了上述与海上丝绸之路直接相关的遗址外,历年来在宁波
市区内还发现了大量的其他城市遗址,例如唐宋子城遗址③、长
春塘遗址④、祖关山冢地⑤以及分布于天一广场、江厦街、解放南
路、大沙泥街、药行街、月湖周边等区域的城市遗址,出土了大量
的瓷器⑥。

这些遗址虽然零星分布于宁波市区的不同地点,但它们都是

————————

① 林士民:《浙江宁波天封塔地宫发掘报告》,《文物》1991 年第 6 期;丁友甫:
《浙江宁波天封塔基址发掘报告》,《南方文物》2011 年第 1 期。

② 林士民:《浙江宁波天后宫遗址发掘》,《再现昔日的文明——东方大港宁波
考古研究》,上海三联书店,2005 年。

③ 林士民:《浙江宁波市唐宋子城遗址》,《考古》2002 年第 3 期。

④ 罗鹏、王力军:《浙江宁波海曙长春塘遗址发掘简报》,《南方文物》2014 年第
3 期。

⑤ 丁友甫:《浙江宁波市祖关山冢地的考古调查和发掘》,《考古》2001 年第
7 期。

⑥ 朱勇伟、陈钢:《宁波古陶瓷拾遗》,宁波出版社,2007 年。

明州、庆元宋元时期城市发展和海上丝绸之路起始港盛极一时的见证。

二、宁波市区宋元时期城市遗址的利用现状

宁波市区发现了大量的宋元时期城市遗址,这些遗址具有强烈的内在联系。但是,目前这些遗址在阐释和展现其背后所蕴含的历史价值方面,似乎还仅是停留在单个"点"的状态。

宁波市区目前已经建成的具有一定参观价值的城市遗址展示点有高丽使馆遗址、永丰库遗址、天封塔、来远亭遗址碑、道元禅师入宋纪念碑、海上茶路启航地等。这些遗址多数为宋元时期海上丝绸之路或对外交流的重要遗址或见证。虽然都位于宁波市区,即明州罗城内,但是仍然相对分散,据笔者实地调研,各遗址的介绍基本停留在对该遗址本身内涵的介绍上,这些遗址之间以及与其他同时期遗址之间的关联性阐释很不到位。因此,宁波作为海上丝绸之路的重要始发港口和宋元时期城市发展的重要见证,在通过不可移动文物阐释城市历史文化方面似乎存在着一些无法回避的问题。

第一,突出"点"的价值,缺乏"线"和"面"的解读。上述的遗址展示点,比如高丽使馆遗址和道元禅师入宋纪念碑反映的是宋

元时期朝鲜半岛和日本与中国大陆的交流,永丰库遗址是元代仓储遗址,是货物集散场所,来远亭遗址是海外货物入关手续办理点,海上茶路启航地展示区是对外贸易始发地的见证,天封塔则具有航船灯塔的性质。这些遗址或展示点都展现了对外交流的重要信息,但是在阐释中,往往集中在遗址本身的介绍,忽视了同一时期相同或相近性质遗址的关联性解读,也淡化了作为海上丝绸之路极盛时期的宋元时期宁波在整个唐宋元明时期的历史地位。遗址展示区虽然矗立在繁华的市区之中,但是宋元时期海上丝绸之路对宁波历史文化价值的重要贡献却没有得到应有的重视。

第二,考古发掘成果丰硕,考古研究相对滞后。宁波市区的城市建设日新月异,在重视文物保护的当今社会,宁波市区的抢救性考古发掘工作也在如火如荼地开展。这是贯彻文物保护方针"保护为主、抢救第一"的重要表现。但是,这些位于市区建设地块的遗址往往是在城市基本建设中进行的抢救性发掘,发掘结束后多数难以完整保留,这就为后期的"合理利用"带来了实际困难。因此,在抢救性发掘结束后,进一步阐明遗址所在区域的城市历史文化和面貌便是当务之急,在这一方面,目前对于宁波市区大量的城市遗址来说,还有所欠缺,尤其是研究成果应用于遗址展示方面,更是有很多亟待提高之处。

三、关联性阐释在不可移动文物展示利用中的作用
——以宁波市区宋元时期遗址为切入点

我国很多的历史文化名城都是古今重叠型城市①的典型代表,例如北京、西安、洛阳、南京等,这些城市中分布着大量的历代遗址,不同区域、不同遗址在不同时代所扮演的角色也是各有千秋,既有前后沿用,也有共时分布。因此,文物展示利用"点、线、面"相结合的关联性,对于阐释不可移动文物的历史地位和价值、进一步深化普通观众对不可移动文物的感性认识以及对城市历史的认知,都有着积极的作用。

以北京、西安等地来说,多是中国古代不同时期的重要都城所在地,而且它们地处内地,虽然已建有大量的遗址博物馆或遗址公园,但更多的是侧重于所处王朝的政治文化面貌。而宁波地处沿海地区,是唐宋以来东南地区经济发达地区的典型代表,同时也是中国古代海上丝绸之路的重要起点,其城市的最初布局定型于唐宋时期,历年来宁波市区发现的各类唐代以后的城市遗址,在很大程度上反映了宁波市区当时的城市生活方式和经济发

---

① 古今重叠型城市主要是指现代城市与古代城市位于一处,现代城市完全或部分叠压在古代城市之上,尤其是唐宋时期兴建并沿用至现代的此类城市,现代城市布局基本或大部分沿用古代城市。

展模式。因此,对宁波市区宋元时期城市遗址的阐释,可以从多个方面或是角度入手。

首先,提升遗址的研究水平和成果转化。

研究是任何展示利用的基础,但长期以来,考古工作者在揭示古代物质文化面貌的基础上,普遍存在重学术研究、轻成果传播的现象,无论是可移动文物还是不可移动的展览,很多会出现让观众眼花缭乱却看不懂或没兴趣的情况。虽然近年来考古工作者陆续参与到宣传展示中来,但是考古研究和文物利用的脱节是不争的事实。对于考古工作者来说,首先就是要做好研究工作,在此基础上,要以保护利用的眼光为遗址阐释和文物利用出谋划策。因此,考古工作者不仅要做好考古发掘和材料的研究阐释,还要进一步把研究成果转化为传播和宣传的核心内容,在"让文物活起来"的时代背景下,知识传播才是考古工作的最终目标,同时也能更好地体现考古工作者的价值。

对于宁波地区的这些城市遗址来说,它们之间存在着紧密的联系,比如宋代遗址之间是什么关系、元代遗址之间是什么关系,再如宋元时期沿用的遗址之间是什么关系,又如不同类型的遗址之间是什么关系、不同区域的遗址是什么关系,都是可以作进一步深入探讨的问题,这便是考古工作者需要去揭示和阐明的历史。进而,通过恰当的手段将研究成果运用和普及到文物展示利用中去,以准确的内涵示人,让普通观众有得看也看得懂。

其次,扩充单个遗址的阐释内容。

在宁波市区宋元时期的遗址展示点中，往往较为重视对该遗址本身时代、性质以及相关人物或事件的阐释，但是在线性和面状分布的遗址时空框架中，并未很好地体现它们相互之间的联系。如何讲好文物故事，将这些关联性遗址有机地、巧妙地联系在一起，那就需要在单个遗址的展示中，以"我中有你、你中有我"的模式进行阐释。

就宁波市区所发现的这些宋元时期城市遗址而言，无外乎两个主题，一是与海上丝绸之路相关的遗址，二是城市生活遗址。两者看似不太相关，但是就城市历史而言，海上丝绸之路和同时期的城市生活遗址体现着一个城市的不同功能，这些看似有着显著差异的城市功能又都有机地结合在同一时代、同一地区，相辅相成，例如瓷器的消费与来源、商人的入舶与出关、居民的生活与习俗，都是城市的重要组成部分。因此，在单个遗址点的阐释中，如果能扩充阐释的内容，将同一时期相关的遗存都进行关联性文字说明和图例标注，就能使观众从一个遗址入手，了解一个地区、一个时代的更多信息，从而激发更强的求知欲，自发地跟着图片、跟着文字去一个一个地寻访和参观。

再次，创新零星遗址的展示方式。

古今重叠型城市遗址所面临的一个共性问题是古代遗址大多被现代城市叠压，因此在考古工作无法全面开展的条件下，绝大多数的遗址点会以散布的形式被发现，或是同时的，或是跨时代的。在无法全面揭露或是大面揭露遗址的情况下，又要尽力找出或说清这些遗址的关系,除了在考古研究上下工夫以外,应当还可以在展示方式上做出一些大胆的尝试和创新。

以宁波市区发现的宋元时期城市遗址为例,有很多遗址在抢救性考古发掘之后无法保留,但是宁波地区有发达的地方志和其他历史文献资料,这些遗址所处位置在当时的历史区位是可以准确定位的,其性质是可以作科学推断的。在此前提下,即便遗址由于现代城市建设的原因无法保留,但是在遗址区的新建筑位置,应当也可以去创造性地开辟一片城市绿地或是公共区域,可以积少成多,可以用简约的展示说明方式给继续生活和活动在这一区域的人们一个信号,一个历史文化传承的信号——历史上,你们的脚下曾经有着和当今社会一样的故事发生,新建筑是城市发展的延续,而它的地下则是一个城市的历史记忆。

四、结　语

随着我国对外开放的日益扩大、互联网技术和新媒体的快速发展,各种思想文化的交流、融合与碰撞也更加频繁。在这样的时代背景下,迫切需要考古文物工作者能深入挖掘中华优秀传统文化的内涵,充分激发优秀传统文化和历史文物资源的活力①,

---

　　① 吕舟:《面对挑战的中国文化遗产保护》,《世界建筑》2014 年第 12 期。

从而增强文化自信,扩大中华文化的国际传播力和影响力。不可移动文物的展示利用,是让人们亲身感受古代优秀文化的重要方式,通过对蕴含内在联系的古代文化遗存进行关联性阐释,引导其深入了解地方历史文化,也是进一步认识古代物质文化史的重要途径。宁波市区唐代以后的遗存较为丰富,这在一定程度上也代表了唐宋以后新兴城市对现代城市布局和规划的影响,希望通过对宁波市区城市遗址展示利用的初步探讨,为历史时期城市遗址在合理利用方面提出一些切实可行的方案。

遗产保护视角下的
石窟寺开发利用问题

——以须弥山石窟为例

　　石窟寺，又称石窟，最早起源于古印度，通常是指开凿于河畔山崖或石壁上而形成的集彩塑、壁画或石刻造像于一身的石室，一般作佛教寺院与僧舍用。石窟寺在我国广泛分布，是内容丰富、规模巨大、特色鲜明的文物类型，是中华民族宝贵的历史文化资源。中国石窟寺的研究工作始于 20 世纪初，当时主要以日本和俄国等外国学者的考察与记录为主，20 世纪 30 年代，中国学者开始了对石窟寺的考察、研究和保护工作，其中以西北科学考察团和中国营造学社为代表①。新中国成立以来，我国对文化遗产保护工作愈发重视，相应地开展了大量石窟寺的保护及研究工作，成效显著。国内一些著名的石窟，如敦煌石窟、龙门石窟、云冈石窟等先后都成立了自己的保护研究机构，使得研究工作更加

---

　　① 李裕群：《中国石窟寺考古五十年》，《考古》1999 年第 9 期。

具体有效。目前关于石窟寺的保护理念和技术手段都在不断提高，但仍然存在各种问题有待解决，其中最为普遍的问题之一是对石窟寺的开发利用问题。如何在科学保护的前提下合理利用现有的石窟寺遗产，是提升石窟寺价值、改善石窟寺环境以及更好地传承石窟寺文化的重要课题。

宿白先生是石窟寺研究的先行者，在《中国石窟寺研究》一书中，他根据石窟寺洞窟形制和主要造像的不同，将中国的石窟寺分为四个区域：新疆、中原北方、南方和西藏[①]。中原北方的石窟寺数量相对较多，其中就包括了位于甘宁黄河以东、汉唐时期长安以西丝绸之路必经之地的宁夏回族自治区固原市须弥山石窟。近年来，学界对须弥山石窟的保护问题多有探讨[②]。本文将在此基础上，以须弥山石窟为例，对我国石窟寺风景区的开发利用问题提出一些个人不太成熟的看法。

一、须弥山石窟概况

须弥山石窟位于宁夏回族自治区固原市西北六盘山北垂的须弥山东麓，其年代始于北魏，历唐、宋、元、明、清，位列中国十大

---

① 宿白：《中国石窟寺研究》，文物出版社，1996年。
② 代学明：《须弥山石窟文物现状调查及保护初探》，《石窟寺研究》第8辑，科学出版社，2018年。

石窟之一,是丝绸之路上珍贵的历史文化遗存,是不同文化碰撞、交融的产物,也是丝绸之路繁荣的见证①。文献中有关须弥山石窟的记录不多,其中最早提及须弥山石窟的记载是明嘉靖年间纂修的《固原州志》,其曰:"须弥山,在州北九十里。上有古寺,松柏桃李郁然,即古石门关遗址。"②对比国内一些大型石窟,须弥山石窟的保护与研究工作起步相对较晚,一些洞窟的开凿年代大多仅能从石窟现存的碑刻题记中考证得知。

1963年,须弥山石窟被宁夏回族自治区公布为自治区重点文物保护单位。1982年,须弥山石窟被国务院公布为第二批全国重点文物保护单位。同年,须弥山石窟文物管理所③成立,负责对石窟进行保护和管理,这才开启了须弥山石窟真正意义上的保护和研究工作。但是,由于体量庞大等多方面原因,美国世界历史遗迹保护基金会公布的2007—2008年"世界百大濒危文明遗址"中,须弥山石窟赫然在列④,由此可见对须弥山石窟的保护工作已经到了刻不容缓的地步。此后,对须弥山石窟的保护逐渐走向正规化和常态化⑤。

———————————

① 马志明:《简论须弥山石窟的重要价值》,《丝绸之路》2014年第2期。
② (明)杨经纂修,牛达生、牛春生校勘:《嘉靖固原州志》,宁夏人民出版社,1985年。
③ 须弥山石窟文物管理所现为宁夏回族自治区固原市原州区文化体育旅游局下属的事业单位。
④ http://culture.people.com.cn/GB/22219/5939610.html.
⑤ 倪金凤:《我区对须弥山石窟原址实施抢救》,《华兴时报》2008年4月24日。

二、须弥山石窟的价值

须弥山石窟是汉唐以来陆上丝绸之路东段的重要佛教石窟遗存,蕴含深厚的价值,主要体现在以下几个方面。

1. 历史价值

历史价值是指文物古迹作为历史见证的价值。须弥山石窟是连接中西方文化交流的重要节点,石窟中保存至今的碑刻、题记等资料,是研究当时社会历史的重要实物资料,对于研究丝绸之路东段北道的历史文化和社会发展有着深远的意义[①]。同时,须弥山石窟历经 1 500 年的风雨,是丝绸之路辉煌历史的重要见证。

2. 艺术价值

艺术价值通常是指文物古迹作为人类艺术创作、审美趣味、特定时代的典型风格的实物见证的价值。须弥山石窟在不同的发展阶段有着不同的艺术形式和风格,目前保留有不同形制且有正式编号的洞窟 162 座,其中北周、隋唐时开凿的洞窟有着鲜明的地域文化特色和时代艺术特征,其蕴含的艺术价值绝不逊色于莫高窟、云冈石窟、龙门石窟。同时,丝绸之路的开通,须弥山石窟附近的"石门关"作为主要交通要道,连接着当时中原与印度、

---

① 韩有成:《须弥山石窟碑刻题记的史料价值》,《固原师专学报(社会科学版)》2000 年第 5 期。

西域等地区的人员和经济交流,须弥山石窟洞窟形制和塑像艺术也就有了外来因素与中国艺术因素相结合的特点,中外文化的融合性也是艺术价值的重要体现。

3. 科学价值

科学价值是指文物古迹作为人类的创造性和科学技术成果本身或创造过程的实物见证的价值。须弥山石窟的选址是古人将佛教思想和石窟开凿相结合的产物,须弥山石窟的壁画、塑像见证了古代匠人的高超技艺,是当时科学技术发展的重要证据,是先民们在石窟寺建造和设计上的一项伟大创举,也是古人智慧和思想的重要成果和有力见证。同时,须弥山石窟的开凿、营建和沿用,也为科学研究石窟寺的发展提供了重要的实物资料。

4. 社会价值

社会价值主要包括社会资源价值和保护利用价值等内容。须弥山石窟作为中国十大石窟之一,是当地重要的文化遗产资源,其浓厚的佛教信仰、悠久的发展历史,是固原地区乃至整个宁夏回族自治区最具代表性的不可移动文物,是地方社会历史文化的生动参考点。而且,在对须弥山石窟进行有效保护前提下的合理利用,可以进一步推动须弥山石窟在教育民众、文旅融合以及社会经济等方面的良性发展。尤其是对于当地群众及参观者深入了解地方历史文化,提高文物保护意识有着不可替代的作用,从而为文化遗产保护事业作出一定的贡献。

三、须弥山石窟的开发利用现状

须弥山石窟作为宁夏地区具有重要历史价值、艺术价值、科学价值和社会价值的全国重点文物保护单位,目前已经建设成为一处重要的石窟寺风景区。近年来,固原市政府加大了对石窟保护和开发利用的资金投入,并取得了可喜的成果,这对石窟的发展起着强大的促进作用。2018 年上半年,笔者对须弥山石窟风景区进行了实地调研,可以欣喜地发现,随着社会经济的发展,加之交通愈发便利,很多外地游客慕名而来,这也说明了须弥山石窟越来越被社会公众所知晓。但是,在须弥山石窟的保护、利用过程中,以笔者调研所见,仍然存在着一些亟待解决的问题,这些问题主要集中在两个方面。

1. 自然环境的影响

须弥山山基由紫色砂岩构成,山上怪石嶙峋,苍松挺拔,植被覆盖率高,山下水流潺潺,风景秀丽,石质适于雕琢,是开窟造像的理想之地。正是有着如此良好的自然环境,须弥山才得以成为我国开凿最早的石窟之一,见证佛教经丝绸之路传入我国的历史。也正因如此,须弥山石窟成为石窟风景区内最主要的开发利用对象。但是,由于须弥山所处地域属于干旱缺水之地,风力大,尤其是山顶区域风力更胜,石窟及岩体常年裸露(图一),在风蚀的影响下,受到了不同程度的破坏。这些破坏主要表现为岩体风化、壁画褪色、彩塑脱落等,这些自然因素给须弥山石窟的保护和未来发展造成了非常不利的负面影响。如果不尽快及时地对须弥山石窟的本体进行全方位的保护,那么其赖以发挥历史价值的文物本体便会在潜移默化中自然损毁和销声匿迹。因此,开发利用所面临的最主要问题,便是其基础是否牢固,即本体保护是否到位的问题。

图一　须弥山石窟开凿在裸露岩体上的局部洞窟现状①

2. 旅游开发的影响

须弥山石窟是具有深厚文化底蕴和重要突出价值的不可移

---

　　　① 照片为作者实地调研时拍摄。

动文物,更是宝贵的不可再生文化资源。在对不可移动文物开发利用时,必须以保护为首要前提,走科学保护、合理利用的可持续发展道路。对石窟风景区旅游资源的开发利用,既可以提升自然和文化旅游的价值和魅力值,又可以丰富旅游资源的内涵,同时在潜移默化中增强人们对于遗产资源的保护意识。旅游资源的开发和利用,对当地人民无疑是好事一桩,对当地的文化旅游事业的发展也有着促进作用。自20世纪80年代被评为全国重点文物保护单位之后,须弥山石窟的旅游价值得以大幅度提升,旅游资源得以大量开发利用。

但是,国内的很多文物古迹由于过度开发或是在开发过程中不加以限制和管理,产生了不少因旅游所导致的破坏,其中最为典型的当属世界文化遗产——丽江古城。当丽江古城还不是世界文化遗产时,原住民和民族建筑构成了原生态的纳西族民族风情,但是商业旅游活动在其成为世界文化遗产之后疯狂介入,使之在很大程度上失去了原有的历史文化特点和民族文化风貌,2003年还因其过度商业化被联合国教科文组织点名批评和责成整改①。须弥山石窟虽然还没有如此严重的过度商业行为,但是其生态环境本就脆弱,大批游客的涌入势必会对文物和环境造成不同程度的影响。笔者调研期间,就亲眼看到景区内的山岩上到处都有"某某到此一游"的涂鸦,这种既不文明又不雅观的行为

---

① http://www.china.com.cn/chinese/feature/368351.htm.

看似是游客一时兴起不经意为之,折射出的却是文物管理的漏洞和缺失,涂鸦虽小,但是给文物本体和环境面貌带来的影响是对历史文化的最大破坏。类似这样的问题,无疑对石窟保护工作提出了更加具体和细化的要求。

四、建议及对策分析

在今天的历史文化语境中,须弥山石窟作为历史文化遗产,如何在保护其遗产资源的同时,对其蕴藏的遗产资源进行合理开发利用,是个值得深入探讨的问题。考虑到须弥山自身的特点以及笔者在实地调研中的所见,须弥山石窟因受到各种因素的影响,在开发利用的过程中存在一些亟待解决或需要面对的问题。

首当其冲的便是研究问题,与敦煌莫高窟、云冈石窟、龙门石窟这些国内著名石窟相比,须弥山石窟的研究略显滞后[1]。在研究相对滞后的基础上,开发利用方面就会底气不足。此外,在旅游开发上也有一些理念和措施方面的不足。例如:须弥山石窟的价值类型丰富,但目前人们关心最多的却是以观赏游览为表现的旅游经济价值,忽略了对其历史底蕴和文化内涵的深入介绍,这也是已有成果没有及时转化为宣传内容的典型表现。又如笔

---

[1]　韩有成:《须弥山石窟考古研究综述》,《宁夏师范学院学报》2018 年第 3 期。

者在须弥山石窟调研期间,少见管理人员的身影,这也在一定程度上说明其管理相对松懈。此外,须弥山石窟在基础设施方面依然有不足之处,比如严禁用火、乱扔垃圾、禁止刻画涂写等说明牌放置不到位,临时休息区和安全护栏的不周全等。因此,须弥山石窟在开发利用过程中,较国内其他一些大型石窟还存在着一定差距。

笔者不揣浅陋,在此提出一些建议和对策,希望对须弥山石窟及其风景区将来的开发利用能有一定的帮助或辅助作用,并以此为例,为其他同类型石窟及其风景区的开发和建设提供一些参考。

1. 加大保护力度

政府对文化遗产保护的重视程度,直接决定了文化遗产及其相关附属设施所受到的保护待遇和资金支持力度。政府加大对石窟的保护是石窟寺风景区可持续发展的重要保障,尤其是目前国家所倡导的"一带一路"国家战略,给历史上丝绸之路沿线地区文化遗产保护带来前所未有的契机。须弥山石窟作为丝绸之路沿线重要的历史文化遗存,在文物保护工作上,所在自治区和市县政府不仅要顺应国家的大政方针,更应当以实际的、可行的措施积极主动地投身到文物保护事业中去,抓住"一带一路"的机遇,以保护促进研究、以研究提升利用、以利用回报社会。与此同时,在保护手段上,要具备先进的理念,面对每时每刻都在承受着自然损害的石窟,要将保护手段向前延伸,要进行更多、更有效的预防性保护①,而不是坐等损坏后的被动维护,这样才能做到"防患于未然",在保护的过程中最大限度地记录和传承历史文化。

2. 提升研究水平

"打铁还需自身硬",只有对文物古迹本身的历史、艺术、科学价值有深入认识,才能进一步发挥它们在教育大众和文化传播上更大的价值,真正"让文物活起来",让人民不仅有得看,还要看得懂,使文化遗产能够真正惠及人民。

作为重要的文化遗产资源,保护研究是文物开发利用的前提。因此,对须弥山石窟的研究,也就直接决定了社会公众能够在参观游览中接受多少教育、学到多少知识。目前,须弥山石窟还没有一个专门的研究机构,仅有"须弥山石窟文物管理所"承担着整个石窟区域的日常保护管理工作,这对于须弥山石窟的研究来说显然是微不足道的。虽然近年来在对须弥山石窟的研究领域陆续出版了《须弥山石窟艺术研究》②、《须弥山石窟研究》③等成果,但是与敦煌研究院、云冈石窟研究院、龙门石窟研究院相比,差距还是很明显的。而专门的机构和专业的人员是制约其研究水平的重要瓶颈,希望在不久的将来能看到须弥山石窟在保护研究机构体制以及相关研究领域有更多的成绩,这样才能使历史

---

① 李雪:《石窟寺遗址的预防性保护》,《黑龙江史志》2015 年第 5 期。
② 宋永忠:《须弥山石窟艺术研究》,阳光出版社,2013 年。
③ 代学明主编:《须弥山石窟研究》,宁夏人民出版社,2016 年。

上赫赫有名的佛教遗存以更加清晰的面貌展现在世人面前。

3. 转变管理理念

对文物古迹进行开发利用,在保护研究的基础上,必须要有适合文物本身的管理模式。须弥山石窟现在部分对外开放,在重视经济利益的同时,绝不可因追求经济利益而降低景区遗产资源的保护力度。首先,就要求管理部门正确处理保护和开发之间的关系,切实保证须弥山石窟在文化、旅游大融合时代背景下的可持续性发展。在新时代下,切实转变理念是一个看似简单,却又涉及方方面面细节问题的重要前提。

传统的文物管理工作以保管为首要任务,在面临人们日益增长的文化生活需求和越来越火热的旅游浪潮时,管理部门要转变理念,用"服务理念"代替"保管理念",以"服务者"的姿态对文物进行有效维护、对游客进行有效管控。尤其是在文物展示利用线路上,服务设施的布置、展示说明的提供以及对游览行为的管理,都要本着更加人性化的服务理念设计,使广大游客"乘兴而来、满意而归",既不留下一笔一画,也不带走一花一木。

与此同时,宣传也可以作为文物保护利用的重要手段。在信息化、网络化时代,传统的平面媒体、视听媒体之外,庞大的网络和新媒体平台,是现今文博领域已经开始广泛使用的宣传手段。有效的宣传,不仅可以提升文物的知名度和人气值,还可以在宣传内容主题的同时,植入文物保护和文明参观的元素,让更多的人在参观过程中始终保持着对文物和历史的崇敬。

五、结　　语

从 2008 年被列为"世界百大濒危文明遗址"以来，须弥山石窟的系统保护工作已经历了整整十年，我们看到这十年来须弥山石窟的保护工作是卓有成效的。随着保护工作的开展，须弥山石窟也成为当地重要的历史文化旅游景点。但是，越是在这样的时代背景下，我们更应该坚持"保护是底线、研究是目的、利用是后续"的可持续发展模式。与须弥山石窟面临同样困境的石窟还有很多，比如位于新疆地区的众多石窟，又比如位于中原地区的一些名不见经传的小型石窟，无论是环境问题还是社会经济发展问题，无时无刻都在给保护、研究和利用带来新的挑战。在文化遗产保护观念日益强化的今天，文物的保护工作要贯穿研究和利用的始终，这样才能使文化遗产更好地传诸后世。

2017 年 10 月，固原市人大常委会通过了《固原市须弥山石窟保护条例》，2017 年 11 月，宁夏回族自治区人民代表大会常务委员会批准并公布该保护条例，2018 年 1 月 1 日起正式施行①。这是须弥山石窟保护历史上的重要一页，同时也是对须弥山石窟

---

① http://www. nxgy. gov. cn/xwzx/gsgg/201712/t20171204_618568. html.

更好地进行开发利用的指导性法规。我们相信,在政府、学界以及广大民众的共同努力下,以须弥山石窟为代表的石窟寺文化遗产将会在科学保护、深入研究的前提下绽放更加夺目的光芒。

河北涿鹿故城遗址保护
利用的实践与思考

　　尚在地表保留有城墙结构的古代城址,是古遗址中比较常见的一类遗存。相对于深埋地下的遗址,此类遗存的保护利用更有难度。若城址地处城镇或乡村等人群聚居区,这些城址往往与耕地、民房等用地共处,经过数代的再利用。居民们在城址内或居住,或耕种,或取土,这些行为都对古代城址造成了不同程度的影响和破坏。若城址地处偏远,往往自然环境恶劣,附近少见聚居区,遗址日常的保护和巡查工作将面临更多的困难。

　　此类城址,于地表的现存状态各异。因修筑方式不同,有些城垣保留了规制尚完整的城墙,更具直观的观赏性,在对外宣传的过程中更易被普通的观众接受。这一类的城址往往作为中心或附属地被规划于某些文化旅游项目之内对外开放。对这类城址的研究,因为有对外宣传的渠道而进行得比较深入和持续。有些城址的地面建筑多已被破坏殆尽,直观的视觉效果不佳。这类城址的研究多仅限于专业角度,其基本情况和历史沿革,也不为普通观众所熟知。

另外,城址所在地区的经济发展状况,往往与此类城址的保护密切相关。当保护利用工作与其所在地的发展建设规划有实质冲突之际,如何做到"合理利用",是地方文保工作必然要面对的难题。

2015年起,吉林大学师生参与了河北涿鹿故城遗址的考古研究和保护利用工作(图一)。在工作中解决了一些问题,积累

图一　吉林大学师生在河北涿鹿故城遗址进行考古调查

了一些经验,也展开了一些关于此类城址保护利用方式的思考。现将此项工作的相关情况简介如下。

一、涿鹿故城遗址概况

涿鹿故城遗址,位于河北省张家口市涿鹿县矾山镇三堡村北,是一处以春秋战国时期遗存为主体的古城址。1993 年,河北省人民政府将其列为第三批省级文物保护单位。该遗址平面呈边长约 500 米的正方形,北、西、南三面尚残存 5—7 米高度不等的夯土城墙。东部城墙部分浸入人工开凿的轩辕湖中。城内文化堆积以春秋战国时期的遗物为主,晚至明清时期的遗物也偶有发现。

当地民间一直将涿鹿故城遗址称为"黄帝城",口耳相传有许多与"涿鹿"地名相关的民间传说。遗址周边也有蚩尤寨、阪泉、轩辕湖、合符坛等与传说相关的景点设置,城址内还设有黄帝的塑像。虽然这种做法的初衷是宣传"炎黄文化"、"三祖文化",打造当地旅游开发的名片,并不是有意曲解该城址的真实历史。但对于不同层次的观众群,极易造成不同程度的误解。

以涿鹿故城遗址为核心,当地旅游文化部门还设置了"三祖堂"、"九龙腾飞"等一系列人工建筑群,与轩辕湖等共同构成了黄帝城旅游文化景区。在以"炎黄文化"、"民族团结"为核心的景区宣传中,这座古城址并没有体现出其应有的文化与历史价值。

遗址中虽无居民居住,但在其中栽种有果树,包括葡萄等深根作物。这些作物,对地层内的文化堆积造成了一定程度的破坏。

该城址之前的考古工作仅为地表调查,尚未进行过系统的科学发掘。虽然通过一定数量的采集品可以对城址的年代和使用情况有初步了解,但对该城址的使用年代和其他情况并没有明确、具体的认知。

二、涿鹿故城遗址的考古工作

针对以上情况,涿鹿县文物局首先扩充了专业力量,以公开招考方式引进了数名专业人才。与此同时,涿鹿县政府也通过多方渠道筹措文物保护经费。这些举措,为深化涿鹿故城遗址的保护利用提供了必要的前提条件。经过前期充分的协商与规划,2015 年以来,以涿鹿故城的保护利用为核心,围绕"保护为主、抢救第一、合理利用、加强管理"的十六字方针,项目组主要开展了以下几方面的实际工作。

1. 整合已有的文献资料和试掘、调查成果,对已进行过的田野调查工作进行复查。在此基础上确定工作重点,以涿鹿故城的保护利用为核心,兼顾县境内其他遗址点的保护和利用工作。项目运行过程中,完成了煤沟梁等遗址已有发掘品的整理工作。对涿鹿故城所在地区的自然环境变迁、人群流动和历史沿革有了更明晰的认识。这为进一步讨论涿鹿故城遗址在该地区的历史地位提供了更丰富的材料。

2. 践行"保护为主",对涿鹿故城遗址及周边地区进行全面的勘探。勘探范围不仅包括城址内部,同时包括了城墙外 100 米之内的范围。勘探结果表明,该城址内尚保存有井、灰坑等大量生活类遗迹,也有疑似夯土台基等建筑遗迹。勘探结果为该城址后续的保护利用工作提供了依据与方向。

3. 践行"抢救第一",通过对勘探结果的综合解读,在涿鹿故城城址内有针对性地开展了小面积的试掘工作。试掘工作的预期,是对城址的建筑方式、内部布局和使用年代等问题提供实证。试掘工作主要取得了以下几方面收获:首先,对城墙的始建年代和后续的修缮过程有了实证层面的了解。对城墙墙基底部灰坑内遗物的测年结果表明,城墙最初修建于战国中晚期,后期也经过修整。城墙的构建方式为土坯和夯土层叠筑。其次,从遗址内出土遗物的种类和数量分析,初步判断该城址的主要功能为居住而不是防御,依据为早期文化层中出土的遗物绝大多数为日常生活用器。最后,勘探过程中还发现城址内部有数座中小型墓葬分布。通过对其中被深根作物破坏的两座墓葬进行清理发掘,发现随葬的青铜礼器、兵器、车马器、玉器等多件珍贵文物。同时对该城址在使用过程中功能的转换提出了新的证据和研究方向。

4. 在遗址周边地区开展考古调查工作。以地表采集和小面积试掘的方式,对涿鹿故城遗址周边考古遗存的分布和内涵开展探索。在调查过程中,深入了对已登录遗址点的认识,此外也有新遗址点的发现。其中,对罗盘地遗址的试掘还发现了铜刀等具有北方游牧文化特征的遗物,这为了解涿鹿地区的历史变迁和人群流动的历史提供了新的证据。

5. 对文物管理所和博物馆内现有的馆藏文物进行系统整理。以往在涿鹿故城遗址周边,也曾零星发现有墓葬等遗迹,清理和征集了数件器物。其中包括带有铭文"索鱼王之戈"的青铜戈等珍贵文物。重新整理与再审视这些器物,对了解涿鹿故城的发展演变及其历史地位是重要的补充工作。

6. 完成由代表性出土文物和馆藏文物到博物馆展品的转化。2018 年,涿鹿县博物馆对基础陈列进行了换新。涿鹿故城中出土的一些具有代表性的器物,经过及时的整理修复,在展品中占有了很大比例。

7. 2018 年,涿鹿县政府对涿鹿故城内原有的耕地进行了置换。城内原有的深根作物已被移除,最大程度消除了耕种行为对遗址内文化层的影响和破坏。

8. 取得各种形式的阶段性科研成果。目前,以涿鹿故城保护工作作为主要内容的研究论文和简报已陆续发表,最终将结集出版。

三、对涿鹿故城遗址保护利用问题的思考

工作过程中,项目组对以下几个问题开展过深入的思考与讨论。

1. 古代遗址的保护和利用,不应该是孤立的、仅仅针对某个或者某类遗址进行。任何遗址的文化特征,都是在特定的自然环境下、特殊的历史背景下产生的。以此为前提,从一个地区出发,探索遗址的地位,判断遗址的价值,考虑保护和利用的意义;以某个遗址为核心,书写一个地区的发展史,这项工作才能更为完整、有效。

以涿鹿故城遗址为例,即使关于该遗址的使用年代、功能等基础信息都已初步明晰,但如果不考虑其与周边遗存的关系,就很难明确其在涿鹿历史上居于怎样的地位。

本次合作工作中,虽是以涿鹿故城遗址为工作的中心和重点,但工作并没有仅限于该遗址,而是对涿鹿县境内始自旧石器时代的遗存重新进行了统计。这项工作的最终目的,是建立一个地区历史的发展序列。

2. 遗址的保护利用工作,采取多样的方式进行更为有效。比如保护资金的筹措,如果仅依靠相关部门的拨款,往往不能得到最有效率的收益。多种渠道和多种方式并举,同时指向保护利

用工作的目标,可能会得到更好的效果。具体到本文个案,涿鹿故城遗址内耕地的置换工作,就远非单一部门或者单一渠道可以顺利完成。

3. 保护利用工作也是一项以人为本的工作。完善基层文保单位的人员配置,稳定文保工作队伍,是保护工作能够长期进行的前提。地方文物保护工作,一是工作环境相对艰苦,二是工作内容繁杂琐碎。明确工作内容,专人专项地开展工作,是一种理想状态,也是地方文保工作发展的方向和目标。

4. 以多种方式寻求合作,整合科研机构和地方文保单位的力量,吸引更多的专业人士加入地方文物保护工作中,应是地方文物保护和利用工作的发展趋势之一。

5. 保护与利用,应为一个有机结合的整体,二者并不是互为因果,也不存在先后与轻重。但在利用的过程中,如何更好地发掘古遗址的文化内涵,发挥古遗址的文化传播作用,需要结合古遗址所在地的具体情况因地制宜地进行。以涿鹿故城遗址为例,将其纳入黄帝城旅游景区中,优势是能够吸引更多的游客,使文化传播有更多样的途径。但在宣传和讲解的过程中,就不宜再以黄帝的传说作为重点内容。涿鹿县博物馆新馆中,关于涿鹿故城出土的文物展,在一定层面上,弥补了仅参观遗址对观众观感造成的缺失。

6. 对古代遗址的保护利用是需要长期进行的工作。以项目合作制为依托,仅能在一个时间段内取得一定成效。将合作项目的成果尽快具体化和实体化,以多种方式再争取人力和物力的支持开展更多层面的合作研究,应该成为古代遗址保护利用的努力方向。

7. 随着对遗址性质探寻工作的深入,新的问题也不断出现。比如对城址内古代墓葬的发掘和出土品的展示,在扩大宣传的同时,也吸引了一些文物盗掘者窥探遗址的目光。加强对遗址的日常巡视和专人负责的日常管理工作,也是该城址保护利用面临的又一项新的任务。

综上所述,涿鹿故城是北方地区保存较好的一座历史时期城址,此类城址在我国有广泛的分布,而对于此类城址的保护和利用,目前一些地方政府迫切想做却又在方式方法上捉襟见肘。因此,对于此类遗址的考古研究迫在眉睫,只有在此基础上,才能更好地了解、认识和保护遗址,才能更有利于遗址的合理利用。

浅析国外旧石器时代遗址类
文化遗产的展示与利用

——以美国 Hudson Meng 猎杀野牛遗址为例

　　大多数不可移动文物是处于遗址状态的,无论是古遗址还是古墓葬都属于遗址类文化遗产的范畴,遗址类文化遗产是构成我国古代文明史迹的主体,也承载着一个国家和民族的文化基因,其丰富多样的文化信息能折射出人类生产、生活的历史概貌。同时,它也是反映国家文化主权形成过程的重要组成部分,是文化认同的决定性依据。遗址类文化遗产的基本特征、价值功用决定了它的保护与开发价值。分析当前国内外遗址类文化遗产保护、展示及利用与开发之间的各类矛盾,借鉴国外已有的成熟经验,对于我国开展同类文化遗产的保护与利用有着重要意义。

　　由于遗址类文化遗产的地表建筑已经荡然无存,历史环境已无法再现,其价值相对于其他类型的文化遗产逊色不少,但多数遗址类文化遗产尚存一定的景观,还埋藏着丰富的文物和遗迹。特别是旧石器时代遗址,对于阐释不同时期古人类生存年代序列、技

术与行为以及对环境的适应等学术问题有着重要的意义。其时间
跨度大,从距今 300 万年前至距今 1 万年前,目前世界各个地区均
已建立了相对完整的旧石器时代文化发展脉络及时代框架。我国
也有很多较为重要的旧石器遗址类文化遗产,诸如水洞沟遗址是
中国最早发掘的旧石器时代文化遗址,被誉为"中国史前考古的发
祥地"、"中西方文化交流的历史见证",还有位于张家口市阳原县
的泥河湾盆地,被誉为"东方的奥杜威峡谷"和"东方人类的故乡"。

遗址类文化遗产并不排斥对其合理利用,保护的目的是为了
制止对遗址类文化遗产的人为损伤和破坏,减轻或延缓自然力量
的影响,使遗址所承载的历史信息真实长久地传递下去;利用的目的
是为了充分发挥遗址类文化遗产的价值,更有效地保护遗址本体。

利用好遗址类文化遗产为经济社会发展服务,既是时代发展
的必然要求,又是由文化遗产自身具有的价值特性所决定的。然
而由于对遗址类文化遗产保护、开发、利用认识的片面性,急功近
利的思想、经济优先的观念依然存在,许多实际情况与文化遗产
的保护宗旨相背离,保护与开发的矛盾日益凸显。有鉴于此,本
文主要以美国 Hudson Meng 猎杀野牛遗址为例,阐释国外旧石器
时代遗址类文化遗产的展示与利用。

一、旧石器时代遗址类文化遗产的基本特征

　　旧石器时代遗址类文化遗产作为一种特殊的文化资源,是人

们在改造客观世界和主观世界的实践中创造的宝贵财富,是人类从蒙昧走向文明、社会从落后走向进步的历史见证。该类文化遗产具有文化性、价值性、稀缺性和延续性等基本特征①。

1. 文化性

旧石器时代遗址类文化遗产的主体为古人类生产、生活所产生的石制品组合、骨制品、装饰品等遗物及火塘等遗迹,这些是古人类的思维方式、生活状态、以象征性行为为主的审美意识的空间、时间表达,正是这种有形的文化空间弥补了不可逆的一维性时间,以空间追赶时间构成了实物文化的智慧性特点,因而它是最具综合性的文化遗产。

2. 价值性

价值与文化是密不可分的,价值是文化的集中体现,文化的不断更新又会反过来推动价值的不断提升。人类在改造客观物质世界的同时,也在改造自身的主观世界即精神世界。所以,该类文化遗产对象化的过程既有物质价值,也有精神价值。即古人类在生产石制品、骨角制品等与生产、生活相关的文化遗物外,同时也会产生相关的诸如象征性行为等精神层面的追求,体现了由感性认识上升到理性认识,再由理性认识回归到实践的循环上升过程。正如恩格斯所指出的:"最初的、从动物界分离出来的人,在一切本质方面是和动物本身一样不自由的;但是文化上的每一

个进步,都是迈向自由的一步。"①旧石器时代遗址类文化遗产标志着古人类走向进步、迈向自由的整个过程,从该类文化遗产内含的各学科层面看,还具有许多特殊价值,如科研价值、教育价值、经济价值等。

3. 稀缺性

旧石器时代遗址类文化遗产由于时代跨度较大,具有很强的不可再生性及不可替代性。一般情况下,存在两种影响因素:一种是自然影响,旧石器时代遗址都会随着时间的推移,在大自然的作用下受到影响,这是不以人的意志为转移的自然规律。特别是暴露在野外的遗址,不可移动而又面积巨大,对其进行整体遮挡保护也不现实。加之旧石器时代遗址基本都是土遗址(包括旷野遗址及洞穴遗址)。当前在国际上,如何更好地保护土遗址也是一个难点,因此其保护的难度更大。另一种是人为影响。随着经济的发展,居住在遗址周围的部分群众,在进行一系列工农业生产活动时,必然会涉及对土地的深耕、深挖。这些活动显然会影响到遗址的保护,甚至会对遗址造成一定程度的破坏。

4. 延续性

该类文化遗产表达了遗产主体的价值诉求和文化遗产内在的时间维度。遗址类文化遗产以遗存的各种形态被保存下来,我们要就地保护,尽量保持它的原貌,回到"过去的它",并以此作

---

① 《马克思恩格斯选集》第 3 卷,人民出版社,1995 年,第 456 页。

为传承主体将"悠久的历史"持续到未来。所以,遗址本身是过去的当下,同时又包含着未来。

二、美国旧石器时代遗址类文化遗产的开发与利用

1. 美国旧石器时代遗址类文化遗产开发与利用的经验

目前,国外许多国家在遗址保护方面已取得了很大的成就,只是各国的保护和利用方式各具特色。以美国为例,旧石器时代遗址类文化遗产的保护主要是遗址区与绿色廊道相结合,在大区域内运用遗产廊道的保护模式对遗址进行整体保护。遗产廊道内部包括多种不同的遗产,将文化遗产的保护提到首位,同时强调经济价值和自然生态系统的平衡;遗产廊道不仅保护了线形遗址,而且通过适当的生态恢复措施和开发利用手段,使区域内的生态环境得到恢复和保护,使得一些原本缺乏活力的遗址重新焕发青春,成为现代生活的一部分,为居民提供休闲、游憩、教育等生态服务。开放的遗址每年还定期开展考古发掘工作,由考古遗址发掘者进行现场解说,从而将该类遗址的现代功能定位为观光旅游、教育、科考研修为主,开发了一系列以遗址为背景的以保护为主的观光、教育、科普及专题游线。不仅保护与展示了旧石器文化遗址发掘现场,还保护与展示了典型的第四纪地层和人类文

化层的演变对比关系。

2. Hudson Meng 狩猎野牛遗址的保护利用

1954 年,美国内布拉斯加州牧民艾伯特·孟(Albert Meng)在奥格拉拉国家公园(Oglala National Grasslands)对一个古老的泉眼进行扩建,为他的牛提供水源,结果发现了大量动物骨骼。正是这一无意间的发现,导致考古学家发掘出了距今 1 万年前的多达 600 头野牛的个体动物遗骸。考古工作始于 1968 年,随后在 1971 年进行了更大面积的发掘,在发掘之初便发现了石制品。该遗址被认为是迄今为止规模最大的美洲原住民宰杀北美野牛的遗址,被命名为"哈德逊·孟遗址"(Hudson Meng Bison Kill Site)[1](图一)。自此以后,北美地区陆续发现了数量众多的北美野牛大量死亡的遗址,北美野牛是在北美大平原上居住的土著居民谋生的物质来源:牛肉可以充饥,牛皮可以做成帐篷及衣服,牛粪可以生火取暖,牛的腱、骨和角可以制成工具。比较著名的野牛跳崖遗址包括美国的 Vore Buffalo Jump 遗址以及加拿大阿尔伯塔省的 Head-Smashed-In Buffalo Jump 遗址[2],遗址主体为一个用来使 20 000 多头野牛坠落到底的自然深坑(图二),类似的

---

① Matthew E Hill, Chris Widga and Matthew G. Hill. "Late Quaternary Bison Diminution on the Great Plains of North America: Evaluating the Role of Human Hunting Versus Climate Change". *Quaternary Science Reviews*, 2008(27): 1752–1771.

② Matthew E Hill, Chris Widga and Matthew G. Hill. "Late Quaternary Bison Diminution on the Great Plains of North America: Evaluating the Role of Human Hunting Versus Climate Change". *Quaternary Science Reviews*, 2008(27): 1752–1771.

图一　Hudson Meng 遗址展示现场①

图二　Head-Smashed-In Buffalo Jump 遗址发现的野牛头骨

遗址几乎在整个美国西部都有发现。这种同一物种大量死亡的例子吸引了公众和学术界的极大关注（图三）。为了确定这些动物的同时大量死亡是否为人为原因，考古学、古生态学及环境考古学者开展了大量的工作，主要包括：① 生态系统的自然结构和人类在创造这些生物群落中的作用；② 生态系统如何响应环境变化的不同尺度；③ 物种灭绝需要的时间；④ 当前生物保护的管理策略等。

图三　Head-Smashed-In Buffalo Jump 遗址野牛跳崖示意图

　　根据 Hudson Meng 狩猎野牛遗址的科研价值,该遗址的设计人员主要将遗址保护与开发、利用分为三个方面:

　　第一,发掘现场的考古教育。在考古发掘现场,由专门的发掘人员甚至发掘领队介绍和讲解最新考古发现及目前需要解决的问题(图四)。面对观众更多介绍的是正在发掘中的各种遗迹现象及其解释,参观者不仅包括普通的社会公众,也包括前来参

图四　Hudson Meng 遗址发掘现场

图五　Hudson Meng 遗址发掘者亲身讲解

观交流的专业人员,讲解内容也会存在一定的侧重(图五)。特别值得说明的是,该遗址的发掘面积非常小,据发掘者介绍,他们并不打算整体揭露所有的遗址分布区域,目的仅为将目前的发掘区清理完毕。此外,公众甚至可以到发掘者的整理场所进行实地参观,直观地了解发掘者的日常工作情况。

　　第二,依托于遗址博物馆陈列的保护利用。将考古发掘出土物和研究成果以某种专题的形式在遗址博物馆内以特展的形式呈现给大众,这是最为直观的考古成果展示方式,公众听完讲解后,可以自行浏览之前讲解中提到的遗物(图六)。这种设计既常规又有效,可以说是遗址类博物馆展示利用教育的典型方式。

图六　Hudson Meng 遗址文化层内集中出土的野牛骨骼

第三,有针对性地开展公众教育①。除了常规参观遗址发掘现场、浏览遗址博物馆陈列设计外,还专门为各个年龄段的青少年,甚至包括学龄前儿童设计了很多项目,诸如打制石器、石制品染色、动物骨骼模型拼合、矿石标本鉴定、北美野牛生活习性介绍等,让青少年潜移默化地对遗址有更为深入的了解。整个过程看似简单,却将考古学、地质学及古人类学的相关知识寓于活动内,让孩子们在欢乐的气氛里,锻炼了动手能力,培养了孩子们对该时段古人类行为的兴趣。

第四,让参观的公众主动参与到保护利用资助体系里来。该遗址博物馆的部分发掘经费及运行经费为多种途径的社会资助。

①　王太一、高蒙河:《公众考古教育初探》,《南方文物》2017 年第 2 期。

进入遗址博物馆内，就会看到一个"募捐箱"，用来向前来参观的公众募集资金，此外，还以出售纪念署名的形式，将募捐超过一定金额的公众名字刻在博物馆的资助墙上，也是一种社会荣耀的体现。通过这种方式，可以提高公众的责任感与保护文化遗产的意识。

三、结　语

近年来我国遗址类文化遗产保护与利用的研究发展较快，研究内容也相当广泛，取得了一定的研究成效和社会效益，但对比国外的遗址类文化遗产保护的实践经验，我们还有几方面需要注意：

1. 树立资源意识、可持续发展意识及科学的保护利用理念，正确认识遗址的价值，切忌过度开发。遗址类文化遗产的历史文化价值和科学研究价值才是根本，必须先保护好，才能谈合理开发利用。同时需指定明确的遗址研究目标，若现有发掘材料已能实现研究目标，则不能盲目地扩大揭露面积。

2. 平衡经济效益与社会效益之间的关系。国外的遗址类博物馆多以保护、利用为主，开发为辅，注重社会效益远远大于经济效益，更加凸显公众教育的功能。

3. 旧石器时代遗址类博物馆展陈主体为土遗址,保护比较困难。应立足于我国遗址的特点,借鉴国外可行的实践经验[1],选择合适的模式进行保护利用。

---

　　[1]　李海燕、权东计:《国内外大遗址保护与利用研究综述》,《西北工业大学学报(社会科学版)》2007 年第 3 期。

博物馆展陈

试析国外博物馆的文物展陈

——以北美地区若干博物馆的中国文物陈列为例

博物馆是征集、典藏、陈列和研究代表自然和人类文化遗产实物的场所,同时也承担着一定的社会教育功能,尤其是向公众提供与藏品或展品相关的知识。习近平总书记曾说过,"博物馆是保护和传承人类文明的重要殿堂,是连接过去、现在、未来的桥梁,在促进世界文明交流互鉴方面具有特殊作用"。世界上,包括中国在内的众多博物馆,多数为历史文物类博物馆,主要肩负着传承历史文化、向公众传播物质文化史的使命。习近平总书记2014年2月在首都博物馆参观北京历史文化展览时强调,搞历史博物展览,为的是见证历史、以史鉴今、启迪后人。要在展览的同时高度重视修史修志,让文物说话、把历史智慧告诉人们,激发我们的民族自豪感和自信心,坚定全体人民振兴中华、实现中国梦的信心和决心。由此可见,文物蕴含着丰富的历史文化信息,尤以中国文物而言,博物馆中收藏和展出的每一件中国文物,都蕴含着中华优秀传统文化的思想和美德。

博物馆在中国已有一百多年的发展历程,虽然还存在一些无法回避的问题①,但是近十几年来,中国博物馆的建设日新月异、飞速发展。目前,很多中国的博物馆都借鉴了欧美地区博物馆的一些运营模式,并逐渐将自己的发展轨道融入世界博物馆的潮流中。近几年来,笔者走访、参观了大量的国内省市县级博物馆,并于 2015 年至 2017 年期间,参观了北美地区的一些综合性博物馆,这些博物馆中,都有着丰富的中国文物陈列,而这些博物馆的中国文物陈列与国内博物馆相比,有着既相似又有别的内容和形式。本文尝试以考古文博从业者的角度去解析国外博物馆中国文物的展陈方式,希冀从中管窥国外博物馆的展陈理念。

一、北美地区博物馆中国文物展陈理念分析

　　笔者走访的北美地区博物馆,都是具有很高知名度的博物馆,其中包括:美国纽约大都会艺术博物馆——美国最大的艺术博物馆,拥有上百万件藏品,其展陈侧重于回顾人类文明的发展史;美国波士顿美术馆——北美最早收藏东亚艺术品的博物馆,馆内的中国艺术品收藏以早期绘画、佛教雕塑和陶瓷而闻名,并

---

　　① 陆建松、郑奕:《全国博物馆事业发展面临的主要问题》,《中国博物馆协会博物馆学专业委员会论文集粹》,中国书店出版社,2013 年。

拥有全美第一的中国宋元绘画收藏;美国波特兰艺术博物馆——美国西北地区历史最悠久的博物馆,拥有数万件不同时期的美洲、亚洲及现当代艺术品;加拿大皇家安大略博物馆——加拿大第一大博物馆,主要展示内容是考古、美术、生物等,是集世界文化和自然历史为一体的综合性博物馆。

这些博物馆中,都有单独的中国文物展厅或展区,通过陈列中国古代不同时期、不同类型的文物再现中国古代的物质文化史。从这些展品来看,其内容和形式都具有鲜明的特点。

1. 内容的解读

上述博物馆的中国文物展陈可根据展品题材差异分为两类:通史陈列和专题陈列,两种陈列背后所蕴含的内容及其所要表达的寓意各有千秋。

(1)通史陈列时代清晰

通史陈列,主要是将中国各历史时期的文物以时间顺序进行排列和展示。以皇家安大略博物馆为例,该馆的中国通史文物展区陈列的展品,从石器时代至明清时期,每个时代都挑选最具代表性的文物作为主打展品,具有深厚的历史内涵和高超的艺术价值。例如新石器时代的彩陶(图一)、商周时期的青铜礼器(图二)、汉代的模型明器(图三)、魏晋隋唐的随葬陶俑(图四)以及宋元明清时期的各类瓷器(图五、图六),这些展品将近万年以来的中国历史以文物的形式和浓缩的方式淋漓尽致地展现在观众面前。

图一　皇家安大略博物馆中国文物展厅新石器时代展区局部

图二　皇家安大略博物馆中国文物展厅商周青铜礼器展区局部

图三　皇家安大略博物馆中国文物展厅汉代模型明器展区局部

图四　皇家安大略博物馆中国文物展厅魏晋隋唐随葬俑类展区局部

图五　皇家安大略博物馆中国文物展厅宋元瓷器展区局部

（2）专题陈列展品集中

专题陈列，主要是围绕某一主题在某个集中的区域或专门的展厅，陈列同一题材或表现同样意义的不同材质、不同工艺的文物。笔者走访的北美地区博物馆，多数有雕塑艺术专题展区或展厅，尤其是宗教雕塑艺术专题陈列在这些博物馆中都有常设的展览。例如纽约大都会博物馆在中国文物展区有专门的佛教造像雕塑艺术展厅，展品种类丰富，既有陶塑，也有石雕（图七、图八）。再如波士顿美术馆也有专门的雕塑艺术展厅，其中既有佛

图六　皇家安大略博物馆中国文物展厅明清瓷器展区局部

图七　纽约大都会艺术博物馆中国佛教造像雕塑艺术展厅唐宋菩萨像

教雕塑——西魏佛教祭祀碑(图九)、唐代舍利石棺(图十),也有墓葬雕塑(图十一)。这些雕塑艺术品虽然相互之间没有直接联系,但却集中展现了中国古代雕塑工艺的水平以及雕塑与佛教相结合的艺术性。

图八　纽约大都会艺术博物馆中国佛教造像雕塑艺术展厅辽三彩罗汉像

2. 形式的解析

拥有了精彩纷呈的展品,那么如何用恰到好处的陈列形式将其展现给观众体现的便是博物馆展陈理念。上文所提及的这些

图九　波士顿美术馆中国雕塑艺术展厅西魏佛教祭祀碑

博物馆中,中国文物在展厅布局、展品陈设和展示说明等方面都有值得借鉴的形式。

(1)展厅布局通透灵活

北美地区的博物馆中,往往以通透的形式作为展厅布局的主要形式,在中国文物通史展厅中,往往不用建筑墙体作为刻意的

图十　波士顿美术馆中国雕塑艺术展厅唐代舍利石棺

"硬分区"来划分展区,而是以展柜或是说明牌作为不同主题展品的自然分区,过渡较为自然。例如皇家安大略博物馆在宋元瓷器展区,用了醒目的竖向说明牌将不同主题的瓷器作了分隔(图十二),而整体又显得较为连贯。在展区通透的同时,北美地区的博物馆往往也会灵活地布置展品,例如纽约大都会艺术博物馆就在二层回廊设置了中国瓷器的展区(图十三),不仅有效利用了空间,而且也使观众能尽可能多地领略同一主题的展品。

(2)展品陈设主题突出

北美地区的博物馆中,往往会尽可能多地将展品展示陈列出来,以较为集中的方式来展现某个时代或某个主题的特征。这种

图十一　波士顿美术馆中国雕塑艺术展厅唐代墓葬局部石椁

陈列方式可以让观众在最短的时间内通过对展品的参观,加深对
这一主题展品的感性认识。例如皇家安大略博物馆在宋元瓷器
展区的钧瓷展柜,集中陈列了不同时期的钧瓷展品以及匣钵装烧
工艺(图十四),从而让观众领略钧瓷的整体面貌。再如波特兰
艺术博物馆的中国文物展厅中,用了一个集中的展区来陈列宋元

103

图十二　皇家安大略博物馆中国文物展厅宋元瓷器展区局部
（从左至右四个单元：南方青瓷、北方青瓷、定窑白瓷、磁州窑白瓷）

图十三　纽约大都会艺术博物馆二楼回廊

时期瓷器,虽然展品不多,但是却囊括了这一时期主要窑口的产品(图十五),可谓短小精悍。

(3) 展示说明解释到位

博物馆展陈的目的是要将知识传播给观众,这就需要对每件展品进行准确的展示说明。中国的大多数博物馆中,往往会对展

图十四 皇家安大略博物馆中国文物展厅宋元瓷器展区的钧瓷展柜

出文物的名称、年代进行说明,但是北美地区的一些博物馆,在此基础上,有的会对展品的功能、工艺及其背后所蕴含的历史文化背景作补充说明,有的还会用展品文物的母国语言进行辅助说明。例如:皇家安大略博物馆中国佛教雕塑艺术展区的明代观音像,对其造型特征进行了详细的说明(图十六);纽约大都会艺术博物馆中国绘画艺术展厅的北宋郭熙《树色平远图》,不仅用汉语说明了展品的名称、时代和作者,还用英语对作者和画作的内容进行了说明(图十七);波士顿美术馆中国瓷器展区的元代

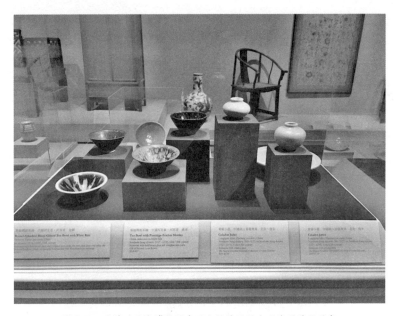

图十五　波特兰艺术博物馆中国文物展厅的宋元瓷器展区局部

Guanyin on a dragon throne
Shanxi Province
Sandstone, polychrome
14th – 15th century, Ming dynasty

The seated bodhisattva Guanyin is recognizable by the small image of Amitabha Buddha in his crown. The rocks which flank Guanyin are home to nine animals, including a goat, an elephant, a monkey, a snake, a dragon, a lion, and a deer with the mushroom of immortality. At the deity's feet are two standing figures with hats (possibly donors), two small bodhisattvas, and a large dragon.

921.31.25　The George Crofts Collection, gift of Mr. D.A. Dunlap

图十六　皇家安大略博物馆中国佛教雕塑艺术展区的明代观音像及其说明

图十七　纽约大都会艺术博物馆中国绘画艺术展厅的
北宋郭熙《树色平远图》及其说明

瓷盘,不仅对瓷盘的基本情况进行了说明,而且对其工艺及其在
当时所呈现的中外文化交流方面的历史背景进行了详细说明
(图十八)。这些中文说明或是英语解释虽然不那么全面翔实,
但是从这一做法可以看出,这些博物馆的展陈设计者非常注重展
品的教育性,而且是从最基础的细节做起,将更多的内容展示给
希望了解更多展品信息的观众。

Dish
China, Yuan dynasty,
1271–1368
Porcelain with cobalt
blue glaze

Anonymous Loan

The Chinese call cobalt blue *huihui qing*, "Islamic blue." The luxurious mineral cobalt—which turns a lush blue in the kiln—was brought to China in large amounts by Persian traders in the 14th century. Artists used it to create striking blue-and-white decorated porcelain vessels, many of which were exported back. This distinctive, dragon-emblazoned dish is one of only three known in the world; the other two have long been in collections formed by rulers of major Islamic dynasties. Although produced in China, this dish too was likely intended to decorate a palace in the Islamic lands. This exchange was just one of the many connections between China and the Islamic world during the years of the Yuan dynasty.

图十八　波士顿美术馆中国瓷器展区的元代瓷盘及其说明

二、中国博物馆与北美地区博物馆
展陈的对比分析

上述北美地区的博物馆,既有举世闻名的世界知名博物馆,也有区域性综合博物馆,有着一定的代表性。以中国文物为例,这些博物馆的文物展陈都有着不同程度的人性化设计,而且从内容到形式也有着一定的相似性。近二十年来,中国的博物馆数量急剧增长,据国家文物局统计,截至 2018 年底全国博物馆数量已达 5 300 余座①。除了部分专题博物馆外,其中有很大一部分是各省市县所拥有的以历史文物陈列为主的综合性博物馆。通过笔者近十几年的走访,以考古从业者的视角和博物馆观众的眼光去参观这些博物馆,虽然展陈方式和展陈技术与早年相比有了相当大的提升,但在理念上与国外的一些博物馆相比,有一些明显的差异和不足。

其一,展厅宏大,文物精美,但展品陈列相对稀疏。

随着中国社会经济的发展,博物馆的新建、改扩建也逐渐增多,场馆硬件条件已经有了质的飞跃,与国外博物馆相比也毫不逊色。而且,中国各博物馆都有着所谓的"镇馆之宝",博物馆文

---

① http://www.sach.gov.cn/art/2019/5/18/art_1027_155110.html.

物藏品也在不断地增加，但是从博物馆空间的利用来看，中国与北美地区的博物馆相比，似乎还有一些理念上的差异。

　　总体来看，中国的很多博物馆都会沿着墙体布置展柜，展厅中央往往较为空荡，虽然陈列的展品多是地下出土或征集的精品文物，但是硕大的展柜有时只陈列一排展品，宏大的展厅与稀疏的展品形成了鲜明的对比。北美地区的博物馆不仅展厅空间利用率高，而且同一时代或主题的展品数量也相对集中。由此可见，中国的一些博物馆展陈似乎更重视精品的展示，而北美地区的博物馆可能对整体面貌更为关注。中国博物馆的展陈可以让观众看到一个时代或一个种类的精华展品，但是在整体特征上有时难以给观众带来更加深刻的感性认识。

　　其二，技术高超，效果精湛，但文物研究较为缺乏。

　　目前，中国的博物馆，尤其是一些省级以上的博物馆，在展陈方式上对新兴技术的应用是较为普遍的，各种声光电以及数字化展览技术在博物馆展览中的使用层出不穷。新技术的使用无疑增强了展览的效果，使观众可以从平面、立体甚至多维度去观赏各类文物，新技术和新方法虽然可以提升展陈的视觉效果，但是，归根结底，观众如果要对文物有深入的了解，需要的是对文物以及文物背后蕴藏历史信息的深度解读。

　　就这一点而言，国内的博物馆往往存在很大的不足。究其原因，是因为对文物的研究难以跟上人们的求知欲，大量的文物展示说明仅仅是对名称、时代的程式化解说，缺乏对文物本身艺术和文化作深入浅出的阐释。文物缺乏研究,或是缺乏将文物考古研究成果及时转化为宣传成果,博物馆文物展品就失去了对展示说明进行细化的基础,观众看到的仅仅是冷冰冰的几个字,无法获得或了解更多文物背后的故事。因此,这就导致了博物馆里文物展品精美、展示手段多样,但是观众在博物馆里逗留的时间以及观众从参观中获得的知识无法进一步提升。而北美地区的这些博物馆,据笔者走访了解,都有强大的研究团队,不仅研究馆藏文物,而且对展览陈列也进行不断地研究,从而进一步保证文物背后的历史文化阐释和展览陈列的形式能不断推陈出新。

三、结　语

利用好中国的历史文物,可以彰显国家的历史文化底蕴,可以增强国家和民族的"文化自信"。那么如何利用好文物呢? 显然,博物馆中陈列的文物已成为展示、宣传历史的重要窗口。博物馆中的文物要发挥最大的教育价值,显然需要进行一系列的设计。首先,就要弄清文物本身的内涵,并在此基础上讲好文物背后的故事①。其次,逐渐改变中国博物馆文物展示重学术、轻通俗的现状,以透物见人、寓教于乐为目标将文物背后的故事介绍

①　陆建松:《如何讲好中国文物的故事——论中国文物故事传播体系建设》,《东南文化》2018 年第 6 期。

给观众。以文物吸引人，以技术感染人，以知识教育人，使博物馆不仅能吸引观众，更能留住观众。而且，在中国对外开放和交流日益频繁的今天，与国外博物馆的交流，可以不只停留在文物的交流上，在博物馆展陈理念、发展模式等领域的对话，更可以促使中国博物馆取长补短，不断提升文物利用和服务观众的水平，从而更好地传播中国智慧、提升民族自信。

论博物馆临时展览的意义

——以辽宁省博物馆为例

　　博物馆陈列展览是一项以传播学和教育学为基础,汇集学术文化、思想知识和审美,面向大众的知识、信息、文化和艺术的传播载体①。每个博物馆都有常年陈设的常规展览,随着博物馆自身的发展和社会需求的增加,临时展览已逐渐成为博物馆展览的重要组成部分。

　　辽宁省博物馆以辽宁地区考古出土文物和传世的艺术品收藏为主,该馆老馆位于沈阳市市府广场,于 2015 年 3 月闭馆,新馆位于浑南新区,于 2015 年 5 月开馆,2018 年 8 月全部展馆正式对外开放。本文将以辽宁省博物馆近五年来推出的临时展览为例,分析它们的主题类型和专题内容,并以此为基础探讨临时展览之于博物馆的意义。

---

　　① 陆建松:《博物馆展览策划:理念与实务》,复旦大学出版社,2017 年,第

11 页。

一、辽宁省博物馆临时展览主题分析

辽宁省博物馆官网介绍了 2014 年至 2019 年 6 月①这五年半时间里在市府广场老馆和浑南新馆举办的 58 场临时展览②（表一），其中 2014 年 10 场、2015 年 11 场、2016 年 9 场、2017 年 14 场、2018 年 11 场。新馆在开馆后至 2018 年 8 月，所有展厅并未完全开放，但是从数量分布来看，老馆和新馆每年举办的临时展览数量基本相当，因此每年 10 个左右的临时展览可以作为辽宁省博物馆的常态化状态。

表一　辽宁省博物馆旧馆临时展览（2014 年—2019 年 6 月）

序号	开 展 时 间	展 览 名 称
1	2014 年 3 月 22 日	东风西渐——欧洲瓷器展
2	2014 年 4 月 12 日	黄凯油画展
3	2014 年 4 月 19 日	清宫遗珍——"天禄琳琅"、"石渠宝笈"典籍书画展
4	2014 年 4 月 24 日	欧阳明利书画作品展

---

① 本文最终成文的时间为 2019 年 6 月，因此对此后辽宁省博物馆官网上陆续公布的临时展览不再追加统计。

② http://www.lnmuseum.com.cn/news/? ChannelID=432. 根据博物馆官网的介绍，2014 年至 2019 年 6 月共有 58 个临时展览，是否存在其他没有录入的临时展览信息，本文不得而知，但本文不再作追加统计。而且从数字来看，即便有个别未登录的临时展览信息，对本文整体数据的分析以及结论不会产生重大影响。

序号	开 展 时 间	展 览 名 称
5	2014 年 5 月 23 日	历史的跨越——纪念《澳门基本法》颁布二十一周年暨澳门回归十四周年图片展
6	2014 年 6 月 14 日	一代画魂：潘玉良笔下的艺术世界
7	2014 年 9 月 20 日	卧游江山——中国古代山水画手卷展
8	2014 年 9 月 30 日	从文艺复兴到黄金时代：威尼斯之辉
9	2014 年 12 月 20 日	曙光时代：意大利的伊特鲁里亚文明
10	2014 年 12 月 27 日	同流异彩——二十世纪名家绘画精品展
11	2015 年 2 月 7 日	横翠含丹——辽宁省博物馆、沈阳故宫博物院、旅顺博物馆藏仕女画展
12	2015 年 2 月 11 日	九九阳春——乙未新春羊文物图片联展
13	2015 年 5 月 16 日	情满辽河——辽宁民间绣品展
14	2015 年 5 月 16 日	怀袖丹青——中国明清扇面绘画展
15	2015 年 5 月 16 日	梦里家山——旅美辽宁籍画家侯北人捐赠作品展
16	2015 年 5 月 16 日	一个意大利记者镜头中的中国
17	2015 年 7 月 10 日	飞越欧洲的雄鹰——拿破仑文物特展
18	2015 年 10 月 1 日	砚田生活——宁斧成金石书画精品展
19	2015 年 10 月 24 日	晶火传奇——欧洲玻璃艺术珍品展
20	2015 年 12 月 4 日	龢溪明月——杨仁恺诞辰一百周年纪念展
21	2015 年 12 月 18 日	林声新辽三彩精品特展
22	2016 年 2 月 2 日	申猴朝岁——丙申新春猴文物图片联展
23	2016 年 4 月 16 日	艺海之旅——杨德衡从艺 60 周年学术展

序号	开 展 时 间	展 览 名 称
24	2016 年 4 月 29 日	牵星过洋——万历时代的海贸传奇
25	2016 年 6 月 15 日	"复兴之路"辽宁展
26	2016 年 6 月 24 日	指点江山——"毛泽东诗词"名家书画展
27	2016 年 9 月 6 日	文明之海——从古埃及到拜占庭的地中海文明
28	2016 年 9 月 9 日	学有本原——杨仁恺书法展
29	2016 年 10 月 28 日	篆籀丹青——吴昌硕的艺术世界
30	2016 年 12 月 23 日	广西壮族历史文化展
31	2017 年 1 月 13 日	辽宁省第一次全国可移动文物普查成果图片展
32	2017 年 1 月 20 日	金鸡报晓——丁酉新春鸡文物联展
33	2017 年 1 月 20 日	瑞雪映丹青——中国古代冬景绘画特展
34	2017 年 3 月 31 日	茶马古道——西部八省区文物联展
35	2017 年 4 月 18 日	咫尺江山——中国古代山水画手卷展
36	2017 年 5 月 26 日	笔墨乾坤——黄宾虹书画作品展
37	2017 年 6 月 30 日	千年马约里卡——意大利法恩扎国际陶瓷博物馆典藏
38	2017 年 7 月 15 日	艺术·生活——辽宁省博物馆研发文创作品展
39	2017 年 9 月 16 日	文墨相兼——杨宝林书法作品展
40	2017 年 9 月 29 日	最接近天空的宝藏——西藏文物精品展
41	2017 年 10 月 17 日	"香港回归祖国二十周年——同心创前路、掌握新机遇"成就展

序号	开展时间	展　览　名　称
42	2017 年 10 月 21 日	指挥造化——吴在炎、吴怡龙指画联展
43	2017 年 12 月 7 日	藏之名山，传之其人——辽宁省珍贵古籍特展
44	2017 年 12 月 27 日	湖北九连墩墓出土文物展
45	2018 年 1 月 9 日	明清书法精品展
46	2018 年 2 月 8 日	福犬迎春——戊戌狗年新春生肖文物图片联展
47	2018 年 2 月 13 日	笔墨乾坤——《万岁通天帖》特展
48	2018 年 4 月 18 日	利涉大川——李世俊书法汇报展
49	2018 年 6 月 15 日	满庭芳华——馆藏明清花卉画展
50	2018 年 6 月 23 日	从传统到现代、梦笔生花——刘埔绘画作品展
51	2018 年 7 月 6 日	尼罗河的馈赠——古埃及文物特展
52	2018 年 8 月 28 日	海派巨擘——任伯年绘画作品展
53	2018 年 9 月 4 日	问道丹青——侯北人、于君慧、陈秀珊师生作品展
54	2018 年 10 月 26 日	毛泽东诗词当代名家书法作品展
55	2018 年 12 月 28 日	传移模写——中国古代经典绘画摹本展
56	2019 年 1 月 18 日	龙泰宸宇——故宫养心殿文物特展
57	2019 年 2 月 5 日	金猪拱福——己亥新春生肖文物图片联展
58	2019 年 5 月 21 日	敢言天地是吾师——新安画派绘画展

　　通过表格统计，我们大致可以把近五年来辽宁省博物馆的临时展览根据主题差异划分为四类。

（一）书法绘画展

书法绘画主题的临时展览占据了辽宁省博物馆的很大一部分,2014 年至 2019 年 6 月共 30 场,超过总数的一半。这一现象的出现与辽宁省博物馆自身的收藏和定位应有很大关系。辽宁省博物馆的藏品以书画类文物见长,馆藏大量古代和近现代书画作品,这也决定了辽宁省博物馆在临展策划中,不同主题的书画便成为该馆较常见的临时展览内容。根据这些临时展览和展品的性质和时代,可将这类展览划分为两种。

1. 古代书画展

这类展览以辽宁省博物馆中的传世历史艺术类文物为展示的主体,时而联合其他博物馆展出同一主题、画家或画派的书画精品。例如"清宫遗珍——'天禄琳琅'、'石渠宝笈'典籍书画展"、"卧游江山——中国古代山水画手卷展"等。

2. 近现代书画家作品展

这类展览以近现代书画名家的作品为展示主体,展品为某一位或几位书法家和画家的部分作品。这些书法家和画家大多为辽宁人,在辽宁省博物馆内展示大量辽宁书画家的作品,对于本省人民的文化自信和文化认同感的构建具有不可替代的作用和重要意义。例如"梦里家山——旅美辽宁籍画家侯北人捐赠作品展"、"利涉大川——李世俊书法汇报展"等。

（二）重要节日事件展

从表中可以看出，辽宁省博物馆会适时地配合重要节日和纪念日推出临时展览。开展与节日、纪念日有关的临时主题展览，这些展览对于加深大众的历史文化记忆，继承和发扬中华民族优秀传统文化，有着不可替代的作用。通过表格分析，这些展览主要可以分为两种。

1. 春节主题展

从 2015 年开始每年的农历春节，辽宁省博物馆都会协同其他博物馆一起，根据当年的生肖开展图片联展。虽然形式简单，但是配合节日气氛，可以进一步丰富观众在春节期间游览博物馆的参观内容。

2. 重要事件展

辽宁省博物馆在澳门回归十四周年、香港回归二十周年时，举办了"历史的跨越——纪念《澳门基本法》颁布二十一周年暨澳门回归十四周年图片展"和"'香港回归祖国二十周年——同心创前路、掌握新机遇'成就展"。这些展览对澳门特别行政区和香港特别行政区的历史与现状进行展示，让观众对祖国不可分割的一部分有更加清晰和深刻的认识。

（三）国外文物展

辽宁省博物馆非常重视与外国其他国家博物馆和收藏机构的

合作,尤其是和欧洲国家的文物交流更加频繁。这类展览在 2014 年至 2019 年 6 月共有来自意大利、法国、捷克等国家的文物的 8 场展览,展品涉及古代欧洲、古埃及以及拜占庭,这些来自欧洲的珍品给参观博物馆的观众提供了国外文物的视觉盛宴,让观众不用走出国门就可以欣赏到来自不同国度、不同文化的历史和文物。

(四)其他临时展览

通过表一可以看出,辽宁省博物馆内还有数量丰富的其他类型的展览。这些展览由于主题多样,暂不能划分到上述类别中。这些展览按属性大致可分为两类,一类为辽宁省博物馆引进的其他博物馆的临时展览,另一类为辽宁省博物馆利用馆藏其他文物举办的临时展览。

1. 引进国内其他博物馆的展览

2014 年以来,辽宁省博物馆通过完全引进国内其他博物馆的藏品或展览的临时展览数量相对较少,例如"湖北九连墩墓出土文物展"、"茶马古道——西部八省区文物联展"、"龙泰宸宇——故宫养心殿文物特展"等。但是这些展览却对丰富和完善该馆的展览内容以及促进本地观众了解更多其他地区的历史文化有着重要作用。

2. 馆藏其他文物的展览

通过表一可以发现,辽宁省博物馆还举办过一些其他类型主题的临时展览,这些展览中的展品主要是辽宁省博物馆的馆藏或是一些研究和创作成果,例如"林声新辽三彩精品特展"、"辽宁省第一次全国可移动文物普查成果图片展"、"艺术·生活——辽宁省博物馆研发文创作品展"、"藏之名山,传之其人——辽宁省珍贵古籍特展"等。

临时展览作为常规展览的补充,在博物馆展览陈列中处于从属地位。但是通过前文的分析,可以发现临时展览具有很强的灵活性,可以展出常规展览中不能完全展示的藏品以及国内外其他收藏机构的藏品,使博物馆的展示陈列结构更加完善,内容更加丰富。

二、辽宁省博物馆临时展览专题解析

通过前文对辽宁省博物馆 2014 年至 2019 年 6 月间临时展览主题的分析,可以看出辽宁省博物馆临时展览的数量丰富,每个临时展览都具有很强的时代性、主题性。同时,我们也发现,辽宁省博物馆已形成了以书画展览为主打、多种展览相结合的临时展览体系。因此,辽宁省博物馆的临时展览与其他地方博物馆相比,具有一定的自身特色,以下将选取一些笔者亲身观览过且较有代表性的临时展览进行简要分析①。

_____

① 由于临时展览展出时间有限,大量过往的临时展览无法亲身调研,因此笔者选取的这些临时展览主要是在 2019 年初实地调研期间在辽宁省博物馆进行展出的临时展览,这些展览同样具有很强的代表性。

1. "传移模写——中国古代经典绘画摹本展"

辽宁省博物馆收藏了数量可观的中国古代绘画,并且设置了中国古代绘画的常规展厅,但由于绘画作品需要定期维护,虽为常规展厅,但也要定期更换展品。因此,在绘画维护和换展期间,该展厅有一段时间的空档期。2018年11月18日,中国古代绘画展第一期结束,展厅进入关闭状态①。在第二期展览开始之前,对绘画有浓厚兴趣的观众便会感到失望,同时在绘画展览方面博物馆也失去对于部分观众的吸引力。恰在此后不久,辽宁省博物馆于2018年12月28日推出"传移模写——中国古代经典绘画摹本展"(图一、图二),该展将部分真迹及其摹本同时进行展

图一 "传移模写——中国古代经典绘画摹本展"展览入口②

① https://m.weibo.cn/3214817267/4301487607756346.
② 本文所有照片均为笔者2019年3月拍摄于辽宁省博物馆,下文不再重复说明。

出,同时还对摹本的创作方法进行了介绍,有效填补了这一段时期内绘画展览方面的空白,更是让观众在欣赏作品的同时了解作品产生的方式。而且,辽宁省博物馆还对该临时展览进行了重点宣传,扩大了博物馆及临时展览在公众中的知名度和影响力。

图二 "传移模写——中国古代经典绘画摹本展"之韩干《神骏图》
摹本绘制程序展示

2. "龙泰宸宇——故宫养心殿文物特展"

随着故宫博物院的宣传以及故宫文化的传播,故宫因其独特的历史地位和历史价值在社会中几乎人尽皆知,故宫不仅是中国历史上现存的最具代表性的建筑,而且也逐渐成为中华民族悠久历史文化的代名词之一。2019年1月,辽宁省博物馆与故宫博物院联合策划了"龙泰宸宇——故宫养心殿文物特展",在故宫养心殿大修期间引进了故宫养心殿收藏的文物并且根据养心殿实景布景了展厅(图三),给观众带来全方位的沉浸式体验。同时,该展还利用了现代科技手段,设置观众体验区(图四),让观众通过VR技术①身临其境地感受故宫养心殿,有助于博物馆教育的进一步实现。辽宁省博物馆引进的这一展览,一方面吸引了许多观众前来辽宁省博物馆参观欣赏,另一方面也加强了博物馆之间的联系,更有利于今后开展更多的合作,实现资源和优势的互补。

图三 "龙泰宸宇——故宫养心殿文物特展"养心殿正殿复原场景

---

① VR技术,全称Virtual Reality,即虚拟现实技术,是近年来发展起来的一项全新实用技术,其基本实现方式是计算机模拟虚拟环境,从而给人以环境沉浸感。

图四 "龙泰宸宇——故宫养心殿文物特展"观众体验区

3."艺术·生活——辽宁省博物馆研发文创作品展"

"艺术·生活——辽宁省博物馆研发文创作品展"是以近年来兴起并逐渐受到大众追捧的文创产品为主题的临时展览。相对于一成不变的历史文物主题展览,本展览紧跟时代发展趋势,展览主题和展品都与常规展览有所不同,让观众觉得更新颖。

观众在该展览中,可以看到以玉猪龙为题材的摆件,以龙元素为造型的挂件、水杯,以青铜纹饰、绘画作品中的图案为基本元素的丝巾、钱包、书签和冰箱贴,仿制红山文化玉器的挂件,仿制的文房四宝、双陆棋,琉璃材质的三足鬲等。通过对展品的介绍可以发现,文创作品展中的展品与辽宁省博物馆所藏文物有着密切的关系,它们以文物为设计灵感来源,仿照文物造型或文物相关题材,样式精美,而且还有详细的文字说明(图五)。这些文创作品的主要元素与基本陈列中的文物息息相关,同时又与大众生活的常见物品紧密联系,使文物"活"了起来,让观众不再觉得历史文物高不可攀,有助于观众进一步加深对历史类文物展品的认识。

图五 "艺术·生活——辽宁省博物馆研发文创作品展"
之青铜雕塑二骏图

4. "'复兴之路'辽宁展"和"金猪拱福——己亥新春生肖文物图片联展"

"'复兴之路'辽宁展"和"金猪拱福——己亥新春生肖文

物图片联展"属于临时图片展览。前者是中国国家博物馆常规展览"复兴之路"在全国范围内的巡回展出之一,以图文结合的方式进行展示(图六)。后者是以农历己亥年春节为切入点,二十多家文博单位共同参与,对有关生肖猪的图片进行专题展览(图七)。图片展览相对于其他展览来说比较容易操作,展览地点和展览方式的选择也相对灵活。辽宁省博物馆将"'复兴之路'辽宁展"布置在新馆的三楼环廊,观众在参观常规展览前后就可以观看这一展览。"金猪拱福——己亥新春生肖文物图片联展"被布置在新馆的一层中厅,观众在进入中厅时就可进行参观。博物馆通过这些图片展览,可以

图六 "'复兴之路'辽宁展"的前言展板

拓宽博物馆展览的内容,给观众提供时代主题和民俗文化的知识。

图七 "金猪拱福——己亥新春生肖文物图片联展"的前言展板

三、关于临时展览作用的探析——以辽宁省博物馆为切入点

以辽宁省博物馆近年来举办的临时展览为例,它们向观众传播了中华民族的优秀传统文化、科学文化知识以及正确的世界

观、人生观和价值观。因而办好临时展览,使其充分发挥自身作用,也成为博物馆的重要任务之一。那么,临时展览对于博物馆自身而言,是否还有其他的重要意义呢?我们的回答是肯定的,以下将从三个方面进行初步探析。

首先,临时展览可以进一步提升博物馆的教育功能。

博物馆以提高公众的科学文化素养,丰富其精神生活,促进人的全面发展为主要任务①。因此,教育是现代博物馆功能的重要组成部分之一。在我国,博物馆是学校教育的延伸,但是,博物馆的教育具有公众性,它的教育对象并不局限于学生,每一个前来博物馆参观的观众都是博物馆的受教者。博物馆常规展览的主题与内容具有较强的稳定性和长期性,随着时代的发展,博物馆教育的内容也需要随之不断增加。如果仅仅依靠常规展览,那就无法做到与时俱进。因此,辽宁省博物馆举办了不同种类的临时展览,不仅丰富了展览内容,也充实了博物馆教育的内容。

以"复兴之路"辽宁展为例,其与中国国家博物馆的常规展览"复兴之路"一脉相承,而且该展布展于辽宁省博物馆新馆的三层环廊,有效地利用了博物馆内的剩余空间。这种灵活便捷的图片展览,不仅内容通俗易懂,而且设置在博物馆的主要参观线路上,可以使观众在不知不觉的行进中对其进行观览。

再以"龙泰宸宇——故宫养心殿文物特展"为例,它不是依

① 陈红京主编:《博物馆学概论》,高等教育出版社,2019年,第209页。

托辽宁省博物馆收藏品所举办的展览,但是由于近年来故宫在社会上的受欢迎程度越来越高,辽宁省博物馆抓住故宫养心殿大修的时机,策划推出了该展。由于其形式新颖,也为该馆的展陈注入了新鲜血液。辽宁省,尤其是沈阳地区的观众不用远赴北京便可以看到故宫中最精华的展区及其相关展品。而且,在该展中使用的现代科技——VR 技术,使博物馆教育有了新的方式,观众可以在虚拟体验中更好地了解故宫,用轻松的方式了解展品所蕴含的历史知识。不仅如此,在"龙泰宸宇——故宫养心殿文物特展"举办期间,辽宁省博物馆还邀请了时任故宫博物院院长单霁翔等专家来到辽宁省博物馆并推出了与故宫相关的专题讲座[1],使观众深入了解了故宫和故宫博物院,更为重要的是展览和讲座相辅相成,进一步提升了博物馆教育的水平。

其次,临时展览可以进一步补充和丰富博物馆的陈列展览。

常规展览是博物馆展览的核心部分,但是大多数博物馆常规展览的内容有较强的稳定性,这就可能造成观众对一成不变的展览失去兴趣,降低了博物馆对观众的吸引力。临时展览具有形式多样、内容灵活等特性,可以不与博物馆内常规展览的主题一致。临时展览的这一特性,可以使博物馆的展览内容更加丰富、结构更加完善、类型更加多样。临时展览能够以更加新颖的方式,展示常规展览中缺失的内容,丰富常规展览的主题,使博物馆展览

---

① http://www.lnmuseum.com.cn/helt/show.asp?ID=8449.

体系更加多元化。总地来说,临时展览作为博物馆展览的一部分,其作用可以体现在两个方面,一是可以补充常规展览没有涵盖的领域,二是可以进一步丰富博物馆的展览内容。

例如辽宁省博物馆的"传移模写——中国古代经典绘画摹本展",在常规展览更换展品期间满足了一部分观众对书画作品的参观需求。不仅很好地发挥了替代常规展览的作用,而且还在此基础上采用部分真迹和摹本相对照的方式进行展出,创新了展览的形式,使观众眼前一亮。

再如辽宁省博物馆的"艺术·生活——辽宁省博物馆研发文创作品展",展品均为博物馆的文创产品,打破了博物馆展览长期以来以历史文物为核心的策展理念,将生活元素融入博物馆展览,进一步丰富了博物馆的展览内容,真正做到了"让文物活起来"。

再次,临时展览可以进一步提升博物馆的活力。

优秀临时展览的不断推出,是博物馆良性发展的重要标志。而且不同主题临时展览的举办,还可以进一步提高和拓展博物馆业务人员的策展能力,并扩大博物馆的知名度,进而提升博物馆内部的活力。

例如辽宁省博物馆的"龙泰宸宇——故宫养心殿文物特展",展览外观仿照养心殿设计,利用传统陈列和场景复原相结合的方式,并将现代科技应用于博物馆展陈,不仅满足了时下观众越来越多参与互动的心理,而且也提升了展品的品位。更重要的是促进了辽宁省博物馆与故宫博物院的业务交流,以馆际文物交流的方式提升了博物馆国内交流领域的活力,而前文提到辽宁省博物馆引进欧洲国家文物的展览例证,更是提升国际文化交流和活力的重要形式。

再如2019年己亥春节,恰逢辽宁省博物馆新馆全面开馆以来的第一个春节,辽宁省博物馆推出了"金猪拱福——己亥新春生肖文物图片联展"。馆方通过微信公众号、官方网站等渠道,对此展览进行了广泛宣传和重点介绍。春节期间的主题临时展览便可以其独特的内容、新颖的形式,为博物馆带来更多的观众,在为博物馆积聚人气的同时,也进一步提升了博物馆自身的活力和知名度。

四、结　　语

辽宁省博物馆的常规展览有古代辽宁陈列(史前至元明清时期)和专题陈列(满族民俗展、中国古代铜镜展、中国古代佛教造、中国古代货币展、中国历代玺印展、辽代陶瓷展、明清瓷器展、明清玉器展、中国古代碑志展)。与此同时,辽宁省博物馆近年来举办的各类临时展览让观众领略到了不同时代、不同主题、不同国家、不同民族的历史和文化。

随着社会经济的发展,人民大众对于精神文化的需求越来高。以辽宁省博物馆为例,它所推出的临时展览,很好地诠释了博物馆作为社会文化服务机构所应具有的职能以及应当发挥的作用。因此,我国的博物馆事业应在优化常规展览的基础上,充分了解大众的需求,利用自身优势以及合作交流,更多、更好地推出符合时代特色、适应大众需求的优秀临时展览,进一步发挥临时展览在博物馆教育、陈列展览以及博物馆自身发展等方面的积极作用。从而使观众通过博物馆这扇窗口,加深对中华文明、中华文化以及中华民族的认识,加强对自身文化的认同感和归属感,最终树立起牢固的文化自信观念。

论博物馆临时特展的展陈理念

——以国内博物馆若干瓷器特展为例

博物馆作为社会大众认识历史、了解历史,尤其是近距离感受中华五千年文明史和中国古代物质文化史的重要窗口,各大博物馆在加强、完善常规通史陈列的同时,不断通过藏品开发、文物交流、展览引进等方式举办不同主题的专题文物临时特展。临时展览不仅可以作为丰富常规展览的重要补充,而且在深化专题教育、提升博物馆活力等方面已经展现出越来越重要的作用。

中国古代的手工业部门种类繁多,但是对人们日常生活影响最为深远的,莫过于东汉以后出现的"瓷器"。瓷器从东汉出现,发展至明清时期,在瓷土配方、制作工艺、烧造技术等方面都有着长足的发展。瓷器,作为中国古代最具代表性的器物,在中外文化交流以及古人的日常生活和科技成就方面,无疑是中国古代"大国工匠"智慧结晶的重要表现。随着瓷器在窑址、墓葬、窖藏、沉船等遗迹中的考古发现越来越多,以及国内博物馆与国外博物馆之间合作交流的日趋频繁,很多国内大型博物馆近年来陆续推出了以瓷器作为主要展品、展现不同主题的临时特展。

笔者利用工作调研的机会,亲身感受了一批国内博物馆的瓷器特展。本文将以这些瓷器特展为例,总结分析临时特展的展陈理念,并通过与一些国外博物馆临时特展的对比,对临时特展的策展提出一些值得借鉴的做法。

一、几个代表性瓷器特展的概况

作为文物考古工作者,每到一个城市,对其吸引力最大的莫过于当地的博物馆,尤其是博物馆中与自己专业领域或研究方向接近的展览,更是让许许多多的专业人员趋之若鹜。笔者自2017年以来,陆续走访调研了一些城市的文物古迹,同时也对这些城市的博物馆进行了有针对性的参观。鉴于笔者的专业领域,这些博物馆中给笔者留下深刻印象的临时展览有:河北博物院"河北古代名窑标本展"、浙江省博物馆"大元·仓——太仓樊村泾遗址出土文物展"、宁波博物馆"CHINA 与世界——海上丝绸之路沉船与贸易瓷器大展"以及故宫博物院的"秘色重光——秘色瓷的考古大发现与再进宫"和"天下龙泉——龙泉青瓷与全球化"。下面以时间为序,基于各博物馆的宣传,对这些展览的基本情况作简要回顾。

1. "秘色重光——秘色瓷的考古大发现与再进宫"

2017年5月23日至7月2日,由故宫博物院、浙江省文物考古研究所、慈溪市人民政府共同主办,在故宫博物院推出了"秘色重光——秘色瓷的考古大发现与再进宫"(以下简称"秘色重光")越窑秘色瓷特展(图一)。该展以晚唐五代至北宋初的秘色

图一 故宫博物院"秘色重光——秘色瓷的考古大发现与再进宫"展厅入口①

———————————

① 本文照片均为作者实地拍摄。

瓷器为主,展品包括了来自浙江省慈溪市上林湖后司岙窑址、法门寺地宫、吴越国康陵等遗址、陵墓出土的秘色瓷珍品,是近年来对于秘色瓷器的一次集中展示①。

2. "河北古代名窑标本展"

2019年5月26日至6月11日,由河北省古陶瓷学会筹备组与河北博物院联合主办,在河北博物院推出了"河北古代名窑标本展"(图二)。该展以河北地区古代著名窑址——邢窑、定窑、磁州窑及井陉窑的白瓷瓷片标本为主,兼有各窑生产的其他类型瓷片标本,是河北四大名窑标本的第一次大规模集中展示,主办方希望以此为契机,使专家学者、陶瓷爱好者以及慕名而来的观

图二　河北博物院"河北古代名窑标本展"展厅入口

---

① https://www.dpm.org.cn/show/238030.html.

众,对河北地区古代制瓷业有更为全面的了解①。

3."大元·仓——太仓樊村泾遗址出土文物展"

2017年12月29日至2018年1月28日,浙江省博物馆推出了"大元·仓——太仓樊村泾遗址出土文物展"(以下简称"大元·仓")(图三)。该展以2016—2017年江苏太仓樊村泾遗址

图三　浙江省博物馆"大元·仓——太仓樊村泾遗址出土文物展"展厅入口

---

① http://www.hebeimuseum.org.cn/contents/9/4598.html.

出土瓷器为主要展品,再现了太仓作为元代长江下游地区重要港口的繁盛景象,尤其是遗址出土的数以吨计的龙泉窑瓷器,是在龙泉窑址以外,最大规模的一次龙泉窑瓷器的集中发现,使观众能以最快的速度领略重大考古发现的重要成果,同时也让观众沿着大元帝国太仓港的历史,了解昔日海上贸易的璀璨华章①。

4.“CHINA 与世界——海上丝绸之路沉船与贸易瓷器大展”

2018 年 1 月 19 日至 4 月 8 日,由宁波博物馆、南京市博物总馆和上海中国航海博物馆举办的“CHINA 与世界——海上丝绸之路沉船与贸易瓷器大展”(以下简称“CHINA 与世界”)在宁波博物馆开展(图四)②。该展精选了与古代贸易相关的瓷器及相关展品,为广大观众展现自唐到清海上丝绸之路的壮阔图景,体现了不同时代瓷器的审美和技术特点,同时也表现出了中国与其他国家和地区进行文化交流的多样性③。

5.“天下龙泉——龙泉青瓷与全球化”

2019 年 7 月 15 日至 10 月 20 日,由故宫博物院与浙江省博物馆、丽水市人民政府联合举办,在故宫博物院推出了“天下龙泉——龙泉青瓷与全球化”(以下简称“天下龙泉”)特展(图

---

① http://www.zhejiangmuseum.com/zjbwg/exhibition/zt_detail.html?id=233.
② 该展先后在南京市博物总馆(2017 年 9 月 28 日至 12 月 28 日)、宁波市博物馆和上海中国航海博物馆(2018 年 5 月 8 日至 8 月 6 日)开展,笔者于 2017 年 1 月在宁波调研期间观摩了该展。
③ http://www.nbmuseum.cn/art/2018/1/19/art_46_43442.html.

图四　宁波博物馆"CHINA 与世界——海上丝绸之路沉船与
贸易瓷器大展"展厅入口

五)。该展汇集了国内博物馆收藏和考古出土的各时期典型龙
泉青瓷,并从国外收藏机构引进了国外出土或仿烧的龙泉青瓷,
是关于龙泉青瓷的展览中,展品数量最多、涉及产地最广且包含
多元文化的一个展览,旨在宣传龙泉青瓷及其全球化的文化
影响①。

上述五个瓷器特展,从不同方面展现了中国古代瓷器从生产
到流通的文化面貌,是近年来影响较大、观众较多、主题也较为突
出的几个重要瓷器特展,应当说它们的展览模式在很大程度上代

---

① https://www.dpm.org.cn/show/249266.html.

图五　故宫博物院"天下龙泉——龙泉青瓷与全球化"展厅入口

表了目前国内博物馆在瓷器专题展览方面的理念。

二、瓷器特展的策展理念分析

　　这五个博物馆及其推出的以瓷器为主的临时特展,凝练了不同的主题,具有较强的代表性。例如:就博物馆类型而言,有国家级博物馆——故宫博物院,也有省级博物馆——浙江省博物馆和河北博物院,还有地市级博物馆——宁波博物馆。就展览主题而言,有以单个瓷器品种为主的特展——"秘色重光"和"天下龙泉",有以单个遗址考古发现为主的特展——"大元·仓",有以一种类型(白瓷)瓷器为主、多个瓷窑产品所组成的特展——"河北古代名窑标本展",还有以同一主题集合了以瓷器为主、兼有其他相关展品的特展——"CHINA 与世界"。因此,这些博物馆瓷器特展,可以说代表了不同级别博物馆在策划举办不同主题临时展览时的不同理念。

1. 瓷器产地问题在策展中的体现

瓷器看似小巧,其工艺流程之复杂,可以说是中国古代工匠长期在土与火的利用和实践中的伟大发明与创造。但是,瓷器展览往往都会面临同样的问题,即:博物馆的传世品和墓葬窖藏的出土品有很大一部分是精美的完整器物,但是其胎釉的断面特征一般很难通过肉眼看到,而且单纯的产地判断往往基于经验,存在一定难度;与其正好相对的是,窑址的发掘往往能够反映瓷器生产的全过程,对瓷器特征的观察可以更加细致,但是往往缺少精美的完整器出土。

随着窑址考古发现的日益增多,博物馆中的传世瓷器以及墓葬窖藏出土瓷器,尤其是历代名窑瓷器的产地也随之越来越明朗。因此,在举办瓷器特展的时候,窑址考古出土瓷器逐渐成为判断其他瓷器产地的重要参考物,而不同来源背景的展品也很好地串联起了瓷器从生产到商品再到生活品的脉络。例如,故宫博物院所举办的"秘色重光"和"天下龙泉"特展,集故宫博物院传世藏品、全国各地墓葬、窖藏出土品和窑址出土品于一身。"秘色重光"很好地利用了 2016 年全国十大考古发现——上林湖后司岙秘色瓷窑址的出土标本(图六),而"天下龙泉"则将故宫博物院和浙江地区南宋时期遗址以及龙泉窑址出土的龙泉瓷器同柜展示(图七)。通过对这些瓷器的初步观察和对比,很容易就让普通观众能够找到它们之间在胎釉和风格上的联系,可谓相得益彰。

与此同时,唐代以后全国各地窑址林立,产品种类也丰富多样,是中国古代瓷器发展的黄金时代。尤其到了宋元时期,

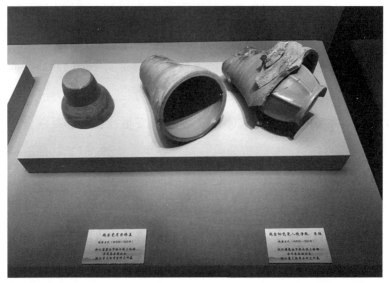

图六 "秘色重光"展出的上林湖越窑后司岙窑址出土秘色瓷及窑具

图七　"天下龙泉"展出的部分南宋龙泉窑瓷器

（上右完整器为故宫博物院藏南宋龙泉窑青釉凤耳瓶，其余标本分别出土于杭州
南宋临安城遗址、绍兴南宋六陵遗址和丽水龙泉大窑遗址）

在工艺流传、人员流动、商业利益等因素的作用下，出现了以某
一知名窑场所产瓷器为模仿对象，一定范围内的其他窑场全部
或部分烧造胎釉特征相似、器形相同的产品，也就是所谓的"窑
系"，而困扰瓷器产地判断的其中一个重要原因就是"窑系"的
存在。

　　上述五大展览中，对瓷器产地问题关注最多的莫过于"河北
古代名窑标本展"。此次展览重点推介了唐代开始在河北地区
烧造瓷器的重要白瓷窑场：邢窑、定窑、井陉窑和磁州窑。已有

论博物馆临时特展的展陈理念

考古发现和研究表明,邢窑①、定窑②、井陉窑③在唐代都烧造精细白瓷,定窑和磁州窑在宋元时期由于地理位置相近在白瓷产品的烧造上存在着相互影响④,井陉窑在金代既生产粗瓷也生产细白瓷,而且细白瓷与定窑产品不相上下⑤。虽然现在能够通过科技测试的手段对一些重要遗址或是重要标本进行成分测试从而推断其产地⑥,但是有时其结果往往也不是绝对的⑦。以现阶段的认识,还不足以对不同瓷窑的同类产品作完全准确的判断,那么,最好的展示方式便是对出土于窑址的瓷器以及窑口特征明确的瓷器进行展示,让观众能够不受干扰,更加直接地去了解这些瓷器的特征,河北博物院所举办的这次名窑瓷片标本展便是一次很好的尝试(图八、图九)。

2. 瓷器贸易问题在策展中的体现

中国古代的对外交流主要通过两条通道,一条是汉代开始起于长安通往西域的陆上丝绸之路,另一条便是通过东南沿海地区港口出发,驶往东亚、南亚以及西亚、中东和北非地区的海上丝绸

---

① 河北临城邢瓷研制小组:《唐代邢窑遗址调查报告》,《文物》1981年第9期。

② 权奎山:《唐五代时期定窑初探》,《故宫博物院院刊》2008年第4期。

③ 杨文山:《关于唐代井陉窑的细白瓷》,《文物春秋》2014年第1期。

④ 秦大树:《论磁州窑与定窑的联系和相互影响》,《故宫博物院院刊》1999年第4期。

⑤ 河北省文物研究所、井陉县文物保护管理所:《井陉窑遗址考古调查勘探报告》,《文物春秋》2017年第5期。

⑥ 崔剑锋等:《定窑、邢窑和巩义窑部分白瓷的成分分析及比较研究》,《文物保护与考古科学》2012年第4期。

⑦ 张吉等:《辽中京遗址采集细白瓷的成分分析及年代问题研究》,《文物保护与考古科学》2017年第5期。

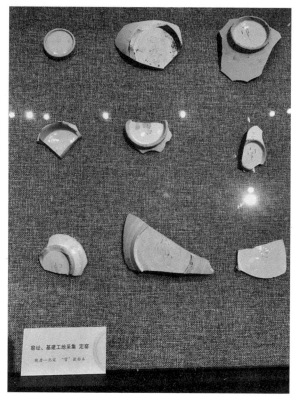

图八　河北博物院"河北古代名窑标本展"展出的部分定窑瓷器标本

之路。瓷器作为海上丝绸之路历史上为数不多能够保存至今的
文物,已成为研究古代中国与世界交往的重要媒介。与此同时,
我们也应注意到瓷器贸易除了销往海外,国内市场也是瓷器销售
的重要区域。因此,在以瓷器为核心的特展中,贸易问题往往是
其展示的重点领域或核心内容。在上文提及的瓷器特展中,很多
都将瓷器贸易作为主要题材进行展示。

　　有的体现了国内市场的情况。"秘色重光"特展中,不仅

145

图九　河北博物院"河北古代名窑标本展"展出的部分井陉窑瓷器标本

展出了秘色瓷产地的标本,而且将中原、北方地区五代至北宋
早期的重要秘色瓷也一同展示,例如宋太宗元德李后陵出土
的秘色瓷碗(图十)、辽圣宗贵妃墓出土的秘色瓷执壶(图十
一);"大元·仓"特展中,不仅有大量元代龙泉窑标本的出现
(图十二),而且还有北方地区磁州窑瓷器的出现(图十三),
充分说明了元代的太仓刘家港作为国内重要贸易中转港的
性质。

图十　"秘色重光"展出的宋太宗元德李后陵出土秘色瓷碗

图十一　"秘色重光"展出的辽圣宗贵妃墓出土秘色瓷执壶

图十二 "大元·仓"展出的樊村泾遗址出土龙泉窑青瓷

图十三 "大元·仓"展出的樊村泾遗址出土磁州窑白地黑花瓷盆

有的体现了海外贸易的情况。"天下龙泉"特展中,不仅展出了国内窑址、墓葬、遗址以及故宫博物院的龙泉青瓷,而且还对国外发现的重要瓷器进行了搜集和展示,例如韩国新安沉船发现的龙泉青瓷(图十四)、阿联酋拉斯海马地区祖尔法港口遗址出土的龙泉青瓷(图十五)。"CHINA 与世界"特展,则更是以海外贸易和海上运输为主题,将重要沉船遗址发现的中国瓷器(图十六)以及水下考古(图十七)作为展览的主要内容。

图十四　"天下龙泉"展出的韩国新安沉船出土龙泉青瓷碗

虽然河北博物院"河北古代名窑标本展"没有明确提出与瓷器贸易有关的展览主题,但是就邢窑、定窑、井陉窑、磁州窑瓷器在国内外的发现而言,此次展览无疑为深入研究其他地区发现的同类瓷窑产品的源头问题提供了极佳的参考和对比,归根结底也是一次与瓷器贸易有关的特展。

图十五 "天下龙泉"展出的阿联酋拉斯海马地区祖尔法
港口遗址出土龙泉青瓷残片

图十六 "CHINA与世界"展出的明代"万历号"沉船出土瓷器

图十七 "CHINA 与世界"展出的水下考古主题展板

这些瓷器临时特展的地点、内容、方式虽然有一定差异,但是其展陈理念,主要集中在产地和贸易这两条主线上,而这两个问题在过去、现在和将来也一直是引导瓷器研究的两个主要方向。而且,从这些展览的举办时间来看,其策展理念已经开始了延续和推广。

三、存在问题的分析与讨论

博物馆作为社会教育机构和公众休闲场所,这些临时特展在策展理念上与国外博物馆相比,仍然有一些差异。

第一,展览策划过度强调学术。

以上文所述的瓷器临时特展为例,这些展览普遍存在的一个问题就是重学术、轻科普的现象。这五个特展开展时,主办方往往会组织一些活动来推广同期开展的瓷器特展,例如:"河北古代名窑标本展"开展之际,河北博物院召开了"中国传统草木灰釉的传承与发展"国际学术研讨会;"秘色重光"开展之时,故宫博物院同时举办了"秘色瓷考古新发现及陶瓷考古理论与方法"学术研讨会;"大元·仓"开展之时,浙江省博物馆联合浙江卫视教育科技频道推出了一期专题纪录片;"CHINA 与世界"特展在宁波博物馆开展之时,馆方举办了"CHINA 与世界:海上丝绸之路沉船与贸易瓷器论坛";"天下龙泉"特展转移到浙江省博物馆進行第二阶段展览①，还召开了"天下龙泉"学术研讨会。

这些活动的举办，可以说对展览水平起到了一定的提升作用。但是，我们也不难发现，五个推广活动中有四个是学术研讨会，仅有浙江省博物馆推出的纪录片科普性更强。从考古研究人员的角度出发，展览与学术会议的组合无疑是一场学术盛宴。但是，这种学术会议往往规模小、圈子小，影响力也仅仅局限在短暂的会议期间，且普通公众根本无法参与其中，因此与其说是为宣传展览，不如说是为了提升展览的学术性而打造一个学术交流平台更为贴切。在如此浓厚的学术氛围下，博物馆虽然集中了大量国内外的重要瓷器收藏品或出土品举办了专题展，但是公众可以从中受到的教育或是获得的知识却寥寥无几。策展人似乎更想让观众自己去发现问题和找到答案，但这对于普通大众来说，只能是望洋兴叹，无奈之下，走马观花者多，驻足停留者少。

国外的博物馆在宣传推广方面，有很多值得国内博物馆学习的地方。以加拿大皇家安大略博物馆为例，笔者在多伦多访学期间，亲身经历了一场临时特展的开展，其主题是"艺术、荣耀与嘲笑：加纳阿萨夫的旗帜"。开展之时，主办方邀请了来自加纳阿萨夫地区的酋长和人们在博物馆大厅中上演了一幕真实的以民族旗帜为主题的表演（图十八），这给参观者带来了深刻的印象，

---

① "天下龙泉"特展在故宫博物院的展览为第一阶段，第二阶段于2019年11月15日至2020年2月16日转移至浙江省博物馆。

使人们能够在很大程度上去深入了解一面小小的旗帜对于一个
部落、一个族群的意义。这样的活动虽然不具备学术性,但是对
于真实再现临时展览的主题、进一步宣传展览似乎有着更加积极
的作用。

图十八　2016 年加拿大皇家安大略博物馆"艺术、荣耀与嘲笑:
加纳阿萨夫的旗帜"特展开展现场

第二,策划过程相对简略。

临时展览作为博物馆陈列展览的重要组成部分,越来越受到
国内外博物馆的重视,尤其是国外博物馆对临时展览从酝酿、策
划到布展,有的可能会长达数年。以 2017 年 4 月 3 日至 7 月 16
日纽约大都会艺术博物馆举办的"秦汉文明(Age of Empires)"展
览为例,在当地引起了较大的轰动。开幕式上,时任文化部部长
雒树刚、中国驻美国大使崔天凯、中国驻纽约总领事章启月、国家

文物局副局长顾玉才等嘉宾还亲临现场。从"秦汉文明"的策划、布展到开放,都体现了策展人对展品的深入研究以及对观众口味的准确拿捏①。

国内的一些临时展览,往往从酝酿到实施,仅有短短的数月时间,虽然这可以从一个侧面体现国内博物馆在策展过程中的高效,但是对文物内涵以及观众需求的掌握却明显不足。这就导致了文物都是精品,但是能够给观众提供的内涵却十分简单,或是策展团队很少站在观众的角度去忖度观众可以从这次展览中了解到什么、学到些什么。即便没有出现类似"故宫跑"的现象,有足够的时间和空间提供给观众,而最终的结果却是看热闹的多、看门道的少。同样以加拿大皇家安大略博物馆的另一个临时特展——"Chihuly"玻璃艺术展为例,它所展现的是现代吹制玻璃的艺术,在展览中,不仅有精美玻璃艺术品的完美呈现(图十九),还有吹制玻璃技术和发展历程的介绍(图二十)。而且,展览期间在博物馆的门口,一直向公众免费展示吹制玻璃的制作过程。这就可以让一个完全不懂吹制玻璃的观众在走进这个展览后,可以用最短的时间了解这一展览所要给观众带来的核心内容②。

---

① 孙志新:《"秦汉文明"展览的策划与实施——兼论在海外策划中国展览和策展人负责制度》,《博物院》2017 年第 5 期。

② 笔者在多伦多作访问学者期间,与"Chihuly"玻璃艺术展的策展人之一裴严华(Sascha Priew)进行过深入沟通,曾谈及他的策展团队对于这个展览的策划过程,其中包括大量前期调研和准备工作,才使得这一展览在他眼中对于观众而言,可以用"震撼"(Amazing)一词来形容。

图十九　2016 年加拿大皇家安大略博物馆“Chihuly”
玻璃艺术展的展品之一

　　综上所述，目前国内大型博物馆以瓷器为核心内容的临时特展，已经形成了一套较为成熟的策展理念和办展模式。但是，国内外博物馆在临时特展策展理念上的差异是较为显著的，国内展览比较重视宏观和学术，国外展览似乎更加重视微观和通俗。这些差异背后所隐含的深层次原因，似乎主要还是来源于博物馆对自身定位的把握。虽然不同的博物馆可以有不同的发展方向，但是习近平总书记曾说过，"要让文物说话，让历史说话，让文化说话"，因此毋庸置疑的是博物馆应当发挥其社会教育的功能。而如何让它们说话、说什么话，能不能让观众读懂、看清文物背后所

图二十　2016 年加拿大皇家安大略博物馆"Chihuly"玻璃
艺术展吹制玻璃历史的图片展示和说明之一

隐藏的历史话语,这就需要从根本上转变国内博物馆的策展理
念,尤其是要从注重形式转变为注重服务,让博物馆真正成为一
个服务大众、愉悦大众的好"学校"。

浅谈博物馆的服务质量

——由"故宫跑"现象说起

当代社会中,博物馆日益实现了对历史记忆和文化知识的专业化保存,抵御着生活对历史的遗忘,凝聚着社会中离散人群的向心记忆,越来越吸引着普通观众的到来①。2017 年 4 月 19—21 日,习近平总书记在广西考察调研时强调,"中华民族历史悠久,中华文明源远流长,中华文化博大精深,一个博物馆就是一所大学校",可见党和国家最高领导人对博物馆事业的重视。2008 年以来,随着博物馆免费开放政策的实行和人民群众精神文化需求的日益增加,各地博物馆迎来参观热潮。但是与此同时,也催生了一些以往未曾有过的现象。"故宫跑"便是近年来在博物馆参观中的一种特殊现象,并成为博物馆观众数量多的代名词。此类现象的出现引起了社会各界的高度关注,尤其是各大媒体争相报道,博物馆学者也纷纷发表自己的看法。本文拟从博物馆学角度

---

① 孙权:《北京都市空间与历史文化记忆——数字时代的首都博物馆》,《华南师范大学学报(社会科学版)》2019 年第 2 期。

分析"故宫跑"产生的深层次原因,并对一些提升博物馆服务质量的措施进行初步分析。

一、什么是"故宫跑"

故宫是我国明、清两代的皇家宫苑,又称紫禁城,它是目前世界上保存最完整、规模最宏大的土木结构宫殿建筑群。清帝退位后的 1925 年,利用紫禁城的建筑,以清宫旧藏文物为主,建立了故宫博物院,它也成为中国最大的古代文化艺术博物馆。近年来,故宫博物院每年的参观人数都在不断增长,仅 2018 年当年,参观人数已突破 1700 万①。

1."故宫跑"的由来

2015 年 9 月 8 日至 11 月 8 日,故宫博物院在武英殿举办"《石渠宝笈》特展",展品包括东晋王珣的《伯远帖》、隋朝展子虔的《游春图》、唐朝韩滉的《五牛图》、宋朝张择端的《清明上河图》等书画精品。因观众热情高涨,曾出现午门一开就有千人跑步冲向武英殿的情形,此现象被网友戏称为"故宫跑"②。有观众表示,若想亲眼见到这幅画,需要"连闯三关",排队时间大约为 3

---

① https://www.dpm.org.cn/classify_detail/248475.html.
② http://opinion.people.com.cn/n/2015/1023/c1003-27732007.html.

个小时,真所谓"起大早,排长队,大门一开冲前位"①。此后,故宫博物院于 2017 年 9 月 15 日至 12 月 14 日,在午门展厅和东西雁翅楼举办的"千里江山——历代青绿山水画特展",也曾一度出现类似现象,"故宫跑"再一次来势汹汹地进入了大众视野,成为网络热词。"故宫跑"虽然是因故宫博物院的展览催生而来,但是在其背后是以故宫博物院为代表的众多博物馆所面临的共同问题,这才使"故宫跑"成为"文化艺术消费领域"备受关注的现象级行为②。

2. "故宫跑"的热度

"故宫跑"出现后便立即引起了社会各界的高度关注,在百度搜索引擎上,输入关键词"故宫跑"后出现约 70 多万个结果③,其中不乏人民日报、搜狐、网易等国内重要媒体,中央电视台也曾播报过这一盛况④。

纵览这些报道,大家对这种现象的态度不一。其中,大多数人持肯定态度,大量报道描绘"故宫跑"的壮观景象,欣喜于广大观众对传统文化的热衷和喜爱,并将这种现象归结于观众欣赏水平的提升和文化需求的强烈,有人甚至提出支持"故宫跑"常态化⑤。与此同时,还有一部分人的观点则截然相反,他们认为,以

---

① 吴学安:《"故宫跑"让精品文化流动起来》,《河北日报》2017 年 9 月 22 日。
② 苏坚:《"故宫跑",往哪儿跑?》,《中国美术报》2018 年 1 月 15 日。
③ 截至 2019 年 9 月。
④ http://tv.cctv.com/2018/10/08/ARTIkuPlZuJpvHCQrpDglku0181008.shtml.
⑤ http://www.xinhuanet.com/comments/2017-12/28/c_1122178428.htm.

"《石渠宝笈》特展为例",排队 3 小时,观看 5 分钟,只是走马观花,无法真正体会展品的历史内涵和艺术真谛。当然,还有一些人跳出参观展览本身,认为这类现象只是人们对于一时、一地、一事所表现出来的非理性热情,仅仅是对热点的追捧,并不精通又不喜爱艺术品本身,却也跟着凑热闹,而一些媒体则是在此基础上造热点、炒热点,以至于对艺术作品本身价值的报道寥寥无几。更有学者尖锐指出,非专业的普通观众大量占用资源,严重影响了专业观众对名画的欣赏和研究。博物馆应当多举办国宝级文物的展览,而常态化的展览也可以在很大程度上避免出现"难得一见、一见就跑"的尴尬境地。

有过参观体验的观众都知道,想要近距离与文物对话,深度解读文物,尤其是探寻书画类文物背后的历史文化和艺术精髓,必须要有思考的时间和空间。而在"故宫跑"的参观模式下,这显然是无法做到的。博物馆的主体是观众,只有确保观众的参观质量,博物馆的教育职能才能更好地实现,才能更好地发挥文化资源宝库的重要作用。

二、为何会有"故宫跑"

博物馆是满足公共文化需求的重要场所,是观众与历史对话的特殊空间,在传播科学知识、探索人文精神等方面具有重要作用。据国家文物局统计，截至 2018 年底，全国博物馆数量已达 5 354 家，2018 年全国博物馆举办展览 2.6 万个，教育活动近 26 万次，观众达 11.26 亿人次，分别比上年增长 30%、30% 和 16%①。毫无疑问，我国已成为世界上博物馆数量最多、发展最快的国家之一，观众参观热情高涨也说明了我国博物馆事业进入了黄金发展期。但是，"故宫跑"现象的出现也给我们带来警示，那便是博物馆展览在吸引观众的同时，其所提供的服务预期显然与观众的参观热情不相匹配。

是什么样的原因导致了"故宫跑"现象一而再、再而三地出现呢？党的十九大报告指出，中国特色社会主义进入新时代，我国社会的主要矛盾已经转化为人民日益增长的美好生活需要和不平衡不充分的发展之间的矛盾。新中国成立 70 年以来，特别是改革开放以来的 40 多年间，我国的经济实力、综合国力大幅提升，人民生活水平有了极大提高。显然，人民日益增长的美好生活需要有很大一部分表现在了对文化生活的需求上，而"故宫跑"现象便是这种需求在文化领域的突出体现，这也是"故宫跑"屡见不鲜的根本原因。

除此之外，还有一些其他因素也在一定程度上加剧了这一矛盾。例如每个博物馆都有所谓的镇馆之宝，但是文物是需要保养和维护的，尤其是书画类作品，长期展览会给书画作品带来无法

　　　① http://www.sach.gov.cn/art/2019/5/18/art_1027_155110.html.

挽回的伤害。如此一来,最珍贵的文物,往往都会长时间保存在库房,一经展出,就会出现"万人空巷"的盛况,"故宫跑"也就随之而来了。再如博物馆每天的开放时间是有限的,临时特展的展期也相对固定,比如故宫博物院的临时特展展期一般为两个月,而故宫博物院、中国国家博物馆、上海博物馆这样的重要博物馆,其性质已经远远超出单纯的博物馆范畴,而是早已成为"地标式"旅游打卡地。本来参观人数就多,在此基础上又出现了展期固定、时间有限的特展,大家自觉不自觉地便会集中在这段时间去参观,而且不可否认这其中可能还存在一些单纯为了"蹭热点"、"发朋友圈"而来的"蹭网者"。因此,在多重原因的催化下,"故宫跑"已经成为当下制约博物馆发展和降低观众参观满意度的重要表现。

三、"故宫跑"对博物馆服务质量的启示

民众"井喷式"的文化需求与博物馆的服务质量显然已经出现了明显的供不应求,因此,"故宫跑"现象给我们带来的思考不应仅限于对网络热词的热捧,更应以此为着眼点,进一步探析它给博物馆事业带来的启示。

1. 拓宽博物馆类型

科学技术是第一生产力,是推动社会进步的力量。当今世界

163

是互联网的世界,社会生活的方方面面都与科学技术息息相关。博物馆作为不可或缺的历史文化教育机构,更应把握时代脉络,紧跟时代潮流,积极运用科学技术拓展博物馆类型,探索观众服务新渠道。目前,很多新技术已经较为广泛地在博物馆领域开始运用和尝试,下文以数字博物馆和智慧博物馆为例进行简要的探讨。

（1）数字博物馆

数字博物馆是博物馆与信息技术融合的产物,它的主题仍然是博物馆,但却是通过网页浏览的形式对文物和藏品进行展示①。传统博物馆的藏品展示,对保管和展览的场地、设备、人员等都有较高的要求。因此观众要想看到心仪的藏品,必须要调整规划参观时间。由于传统博物馆的局限性,数字化博物馆便应运而生。数字化博物馆具有独特的展陈方式,依托藏品的数字化信息,利用大数据和三维建模,观众可以随时随地不受限制地浏览藏品,充分了解各类藏品,并给予观众独立安静的思考空间。

国外和国内许多博物馆已经做了很多尝试。例如,美国博物馆积极发掘数字藏品资源的价值,除将资源信息用于构建展览外,还积极通过移动互联技术对数字资源开展多样化的服务②。我国的数字博物馆建设起步较晚,但近年来众多数字博物馆陆续上线,使得数字博物馆事业呈现欣欣向荣的一面。2012年,国内建立了首个集观赏性、知识性、互动性为一体的数字博物馆——

---

① 管东华:《数字化博物馆建设的工作探讨》,《博物馆研究》2018年第4期。
② 郑霞:《数字博物馆研究》,浙江大学出版社,2016年,第129页。

陕西数字博物馆,集合了省内多个博物馆的数字文物资源①。2017 年,吉林省数字博物馆在线服务平台上线,在其页面上,省内各博物馆的展览、虚拟展厅等服务项目一应俱全②。2019 年,故宫博物院数字文物库正式上线,高清、3D 的文物图像进一步满足了观众博古赏新和学习研究的需求③。此外,还有更多的数字博物馆利用线上浏览的形式将文物展现在观众眼前,可以随时随地感受文物的魅力。

国家文物局局长刘玉珠表示,我国博物馆事业处于"成长期的烦恼",人们对于高品质、多元化的文化需求越来越大。面对社会向我们提出的挑战,我们应当把握机遇,重视信息技术的力量,认识到数字博物馆可以引领博物馆进入公众可参与的交互式的新时代,继续大力推动博物馆数字化的建设,缩短公众与文物间的距离,使得公众能够看到藏品,看懂展览,读懂历史。

（2）智慧博物馆

"故宫跑"的屡屡上演,最直接的原因是故宫博物院藏品丰富,而以故宫博物院为代表的传统实体类博物馆出于场地、环境、维护、安全等方面的考虑,能够展现给观众的藏品是有所选择的。在诸多条件都已经达到国内一流的故宫博物院尚且存在这种现象,那么其他博物馆藏品展出率不高的问题更是不言而喻。不难

---

① http://www.0110m.com/.
② http://www.jlsdmu.com/jilin_project/index.html#/home.
③ https://digicol.dpm.org.cn/.

看出,传统博物馆在时间、空间与展示形式上无法回避的局限性,很大程度上制约了它的社会教育和文化传播功能。为了更好地满足观众需求,让更多文物能近距离展现在观众眼前,智慧博物馆便应运而生。

智慧博物馆是以数字博物馆为基础,充分利用物联网、云计算等新技术,构建的以全面透彻的感知、宽带泛在的互联、智能融合的应用为特征的新型博物馆形态①。其开发了众多的博物馆新型服务功能,比如智能语音讲解、馆内定位导航、大数据分析、观众互动等。例如受参观人数、个人习惯等因素的影响,不可能一名观众拥有一名讲解员,而"智能讲解员"可以随时随地将观众周边的展品信息推送到其手机上,供观众详细品鉴。再如博物馆的参观路线对于很多人往往都是一个头疼的问题,有的大型博物馆甚至犹如"迷宫"一般,而在智慧博物馆里,观众可以利用个人手机终端的 APP,获得实时的定位,并在导航功能的指引下便捷、准确地去往各展区。诸如此类智慧博物馆的功能还有很多,不再一一赘述。如今,智慧博物馆的建设已成为全国各大博物馆的重要项目。2018 年,中国国家博物馆启动"智慧国博"项目,计划到 2021 年初步建成设施智能化、数据融合化、管理高效化、服务精准化、安防协同化的智慧国博运营服务体系②。

---

① 陈刚:《智慧博物馆——数字博物馆发展新趋势》,《中国博物馆》2013 年第 4 期。

② 马腾飞:《首届金砖国家博物馆联盟学术论坛在中国国家博物馆举行》,《中国国家博物馆馆刊》2018 年第 11 期。

可以说,数字博物馆和智慧博物馆的建设和引入,不仅提高了博物馆的服务质量、让更多文物"活"了起来,而且从一定程度上提升了观众参观博物馆的效率,这些措施的进一步推广和优化,必将有效降低"故宫跑"的上演频次。

2. 转变博物馆理念

国家文物局原局长、故宫博物院原院长单霁翔曾近年来强调,为让更多的社会公众走进博物馆,博物馆应在社会服务观念上将"观众意识"拓展为"公众意愿",对博物馆的潜在对象进行有针对性的、系统的了解①。以当今的博物馆学研究而言,调查是获取公众意愿的最佳途径,不仅是现场,更可以利用线上等多种途径获取公众意愿,进一步了解不同社会群体对不同类别藏品和参观形式的选择,进而根据不同年龄、不同背景的大数据分析,适时调整陈列内容和陈列形式,突出对公众兴趣的尊重,改公众被动参观为提供主动服务。如此一来,博物馆便成为公众主动学习的场所,其教育效果才能更好地发挥。

与此同时,博物馆的开放时间问题一直是困扰大众的一个焦点问题。经过长时间的尝试和改革,中国博物馆的开放时间目前绝大多数为周二至周日的白天。但是这种时间的限定往往给一些无暇在此期间走进博物馆的观众带来了困扰,博物馆教育作为其重要职能之一,不应让开放时间成为为更多公众提供服务的阻

---

① 单霁翔:《博物馆的观众服务》,天津出版社,2017 年,第 163 页。

碍。那么如何改变这一现状,也是改变博物馆管理服务理念的重要问题。

世界范围内,一些大型博物馆会选择在每周或每月的固定时间延长开放时间,这也越来越成为一种常态,是真正意义上的博物馆"夜场"。根据有关数据显示,法国仅在 2012 年当年,就有两百万观众在夜间走进博物馆①。英国大英博物馆每周五部分展厅延时开放至 20 点 30 分,法国卢浮宫博物馆每周三和周五开放至 21 点 45 分,美国纽约现代艺术博物馆每周五延长开放至 20点,美国纽约大都会艺术博物馆每周五和周六开放到 21 点②。国内普通上班族的工作时间往往与博物馆开放时间冲突,周末的休息时间又不想被占据,因此,给广大观众提供"夜游"博物馆的新体验,也成为近年来国内一些博物馆在转变服务理念上的重要尝试。2017 年 8 月开始,四川省博物馆、四川美术馆、成都博物馆每周二至周日的开放时间将延长至 20 点或 21 点③。2019 年夏季,中国国家博物馆、上海博物馆、广东省博物馆等一大批博物馆都进行了延长开放时间至夜间的尝试④。

虽然博物馆延时开放仍存在经费、安保等问题,但博物馆作为重要的学习、休闲场所,在国家"夜经济"⑤的宏观发展理念下,

---

① https://go. huanqiu. com/article/9CaKrnJAbZu.
② http://www. zjwlmh. com/pinglun_/p/20190628/u1ai12627151. html.
③ http://dy. 163. com/v2/article/detail/CQTPPUDP0514DNA8. html.
④ http://guoqing. china. com. cn/2019-08-24/content_75132993. htm.
⑤ http://www. xinhuanet. com//2019-08/05/c_1124839933. htm.

博物馆"夜场"应当成为丰富"夜经济"发展模式、提升"夜经济"发展质量的重要组成部分。博物馆应采取积极的态度发挥其在城市"夜经济"中的影响力,进一步融入城市的夜间消费体系,利用博物馆使城市的夜间更精彩。

四、结　　语

社会公众是博物馆的服务对象,进一步迎合、提升观众的参观感受便是提高博物馆服务质量的最大着眼点。我国博物馆免费开放的政策吸引了大量观众来馆参观,可我们不应当因观众数量的增多而降低博物馆的服务质量。新兴技术的出现,恰好可以给博物馆展览带来多元化的形式,提高博物馆参观的质量、聚焦无暇踏进博物馆但又渴望了解博物馆的观众,应当是博物馆未来发展的努力方向。

博物馆是沟通过去、现在与未来的重要空间,在博物馆的运营中,各种功能的发挥,其最终受众都是社会公众,如果忽视了观众,博物馆便只能是一个"大仓库"。在我国国民消费转型的时代背景下,博物馆更要利用自身优势,为提高我国的国民素质提供重要助力,面对公众"井喷式"的精神文化需求,需要不断完善我国的博物馆发展体系,依靠科学技术发展,进一步提升博物馆的服务质量,积极转变博物馆服务理念,从服务观众到依靠观众,从而获得更大的发展空间,让"故宫跑"成为历史,还观众一个轻松优雅、休闲自在的博物馆参观秩序。

后　记

　　1999 年 9 月,我从良渚文化的发现地——浙江省余杭市(今杭州市余杭区)考入吉林大学考古学专业。2008 年 6 月博士毕业后,我便留在了长春,成为吉林大学考古专业的教师。从 1999 年踏上北上长春的火车,直到今年"良渚古城遗址"入选世界文化遗产名录,已经过去了整整二十个年头。和所有的考古人一样,"考古"已经成为我工作和生活的重要组成部分。从学习考古到教授考古之初的一段时间里,在我的知识结构和职业理念中,考古研究和专业教学,几乎就是我所了解的"考古"的全部。

　　2010 年,赵宾福老师拉着我们几个年轻人,组建了"吉林大学文化遗产保护研究中心",当时的我还有一些懵懂,文化遗产保护研究——听着很熟悉,但到底是干什么的? 带着这份疑问,2011 年春,我们一行人去了一趟吉林省集安市,主要目的是考察高句丽遗址保护展示项目。第一次去集安是在 2004 年,当时正值"高句丽王城、王陵及贵族墓葬"入选世界文化遗产名录不久,走马观花似的观览并没有在我心中留下太深刻的印象。但是,

2011 年的再次探访，使我对文化遗产保护研究有了初步了解——以田野考古为手段揭露遗址、以科学研究为基础阐释遗址、以保护文物为原则利用遗址、以传承历史为目的宣传遗址，让古代物质文化遗存在现代社会发挥其应有的价值，这些工作都离不开考古人。从那时起，我对文化遗产保护研究的意义以及考古工作者的定位有了全新的认识。

　　2012 年起，吉林大学文化遗产保护研究中心开始参与到吉林省内一些古遗址的文物保护工作中。首先，我们从文物保护规划的学习和编制开始。至今，我已执笔编制了全国重点文物保护单位——四平市二龙湖古城遗址、前郭县塔虎城遗址、蛟河市前进古城址以及当时仍为省级重点文物保护单位的安图县宝马城遗址（现名为长白山神庙遗址，并于 2019 年 10 月被国务院公布为第八批全国重点文物保护单位）的保护规划。这些规划的编制，使我进一步认识到，考古工作是所有文物工作不可或缺的前提。但是，如何在考古工作的基础上，充分利用古代文物为当今社会作出更加积极的贡献，是很多考古人在以往的田野发掘和科学研究中不曾想过或不曾多想的问题。就这样，一边学习文化遗产保护理念、一边参与文物保护规划项目、一边思考考古工作与文物保护的关系，使我和团队所有成员对文化遗产保护研究有了更多的了解和更深的感悟。

　　2013 年，基于此前一段时间在文物保护规划学习和编制过程中遇到问题的思考，我完成了第一篇"非考古类"论文——《关于偏远型古遗址文物保护规划的几点认识》。如果说本书的题目

"从考古走向遗产"是一个动态的过程,那么我想这篇论文就应该是我在文化遗产保护研究领域迈出的第一步。此后,我又陆续将一些文物保护利用工作的想法整理成文,例如《历史时期地方性城市遗址的规划利用问题初探》《文化遗产不能轻保护重利用》。以上三篇文章已经发表,在收入本书时略有修改。借着编著本书,我又相继完成了《文物保护规划中的文物古迹用地刍议》以及《不可移动文物展示利用的关联性研究》两篇小文。虽然都是一些粗浅的或是不太成熟的想法,但是作为考古人,我越来越认识到,在懂得"考古是什么"的基础上,对"考古对象"的未来应当有所思考,这样才能在考古发掘和考古研究中树立保护文物的理念,为展示利用和传承历史留下更多有价值的信息。今日,回想起时任国家文物局局长单霁翔先生在 2010 年曾说过的一句话——"文化遗产让生活更美好",使我更加坚信,考古人应当成为"文化遗产",尤其是"物质文化遗产"的第一守护人和主要阐释者。

2016 年,我被国家留学基金委的项目录取,并于当年 10 月前往加拿大多伦多大学东亚研究系,跟随北美著名考古学家沈辰教授进行为期一年的访学。沈辰老师虽然在多伦多大学东亚研究系教授早期中国考古学的课程,但是他作为加拿大最大的综合性博物馆——皇家安大略博物馆的副馆长,主要工作已转向了博物馆领域,因此我在加拿大期间更多的时间是在博物馆中度过的。从 1999 年学习考古,至今已不知参观过多少个博物馆,但是大多数情况是进馆以后直奔我所感兴趣的展览,到了多伦多之后,自然也不例外。访学期间,我还利用参加会议的机会,参观了美国的波士顿美术馆和纽约大都会艺术博物馆。以往参观博物馆,目光主要集中于展出的文物上,但是在多伦多的一年,我不知不觉地开始关注博物馆以及博物馆展览本身,这些国外博物馆从内部分区到展厅布置再到文物展陈,在我脑中留下了深刻的印象。虽然没有专业的策展理念和知识背景,但是将考古从业者的视角与博物馆观众的眼光叠加在一起,使我对"博物馆展陈"这个既熟悉又陌生的词语产生了浓厚的兴趣。当有了编著本书想法的时候,我便考虑,博物馆展陈研究是否属于文化遗产保护利用呢? 我的想法是:应当属于。

遗址的保护研究属于不可移动文物,而博物馆展品则毫无疑问为可移动文物。因此,本书的编目中也就有了"博物馆展陈"板块。我以在国外博物馆的所见为切入点,完成了《试析国外博物馆的文物展陈》一文,又以参观国内博物馆瓷器特展的经历和感想,完成了《论博物馆临时特展的展陈理念》一文。与其说是论文,不如说是把所见所闻所想以问题和对策的形式进行了初步的解读和归纳,这也算是对我二十年来参观博物馆以及在国外访学一年的阶段性小结。

本书收入的十二篇文章除了上文所提到的七篇外,还有吉林大学考古学院王春雪老师的《浅析国外旧石器时代遗址类文化遗产的展示与利用》、魏东老师的《河北涿鹿故城遗址保护利用的实践与思考》,二位基于自己的专业领域或田野工作,从文化遗产保护的实践探索上升到了理论方法的探讨。此外,还有吉林大学考古学院三位研究生的论文,分别是高梦玲的《遗产保护视角下的石窟寺开发利用问题》、孙慧鑫的《浅谈博物馆的服务质量》以及刘海琳的《论博物馆临时展览的意义》,这些论文虽然只是她们在学习和研究中的一次初体验,但也反映了她们对遗产保护利用和博物馆展陈等方面的一些思考。

2019年,在学习、实践、研究、探索文物保护利用将近十年之际,我主动申请为研究生开设"遗产保护规划"课程,其间,我又以"北美地区博物馆展陈巡礼"为题给苏州文博干部技能提升班讲授了专题课程。作为一名大学老师,科研和教学永远是相辅相成的,我想通过我的经历,把我曾经走过的弯路以及获得的经验传授给学生,让他们在今后的工作和学习中,能有一个更高的起点,而本书也算是自己以及身边文化遗产保护利用领域志同道合者"十年磨一剑"的尝试。

我要感谢一路走来给予我帮助和关怀的老师、同学、朋友以及我的学生们。感谢我的博士研究生导师冯恩学教授,把我带入考古学深层次研究的殿堂,没有考古学研究的基础,也就很难从考古学的视角去审视文化遗产的保护、研究和利用。感谢赵宾福教授,带我进入文化遗产保护这个领域,使我在学习中不断认识到,考古人不仅需要会专业研究,还要有更远大的情怀投入到保护、阐释古代物质文化这一光荣而伟大的事业中来。感谢北京建筑大学汤羽扬教授,在我初涉文物保护规划工作之时,细心的指导和点拨，至今我还记得当年在北京建筑大学汤老师工作室里奋战到深夜的那段日子，汤老师待我们如自己的亲学生一样，对我们作毫无保留的指导。感谢加拿大皇家安大略博物馆的沈辰教授，为我提供了赴加拿大访学的机会，让我亲身感受国外博物馆的展陈设计和运营模式。感谢吉林大学文化遗产团队的段天璟老师、唐淼老师、王春雪老师在工作期间对我的无私帮助，很多想法、火花都是在我们一次次地讨论和交流中诞生的。感谢吉林大学考古学科的所有老师们，感谢我的研究生们以及上过我课的所有同学们，你们的鼓励和支持，使我更加深刻地体会到了什么是真正的"教学相长"。当然，还要感谢本书的责任编辑，上海古籍出版社的宋佳女士，为本书的顺利出版，投入了大量的精力。宋佳也早已不是当初刚刚认识时那个还有点羞涩的本科生了，现在已经能够独当一面。特别需要说的是，我要无比感谢我的妻子毕红静女士以及我的父母和岳父岳母，没有他们对我工作的支持，就不会有此书的顺利完成。

最后，我以此书献给培养了我二十年的吉林大学考古学科，真心祝愿吉林大学考古学科蒸蒸日上、越办越好！由衷希望吉林大学考古学院在考古学教学研究水平进一步提升的同时，在文化遗产保护研究领域也能取得越来越多的成果！

吴　敬

2019 年 10 月 20 日晚于长春寓所

图书在版编目(CIP)数据

从考古走向遗产：吉林大学考古学科遗产保护利用
的实践与探索／吴敬等著. —上海：上海古籍出版社，
2019.12
　　ISBN 978-7-5325-9433-7

　　Ⅰ.①从… Ⅱ.①吴… Ⅲ.①文化遗产—保护—研究
—中国 Ⅳ.①K203

中国版本图书馆 CIP 数据核字(2019)第 272804 号

从考古走向遗产
——吉林大学考古学科遗产保护利用的实践与探索

吴　敬　王春雪　魏　东
　　　　　　　　　　　　　　著
高梦玲　孙慧鑫　刘海琳

上海古籍出版社出版发行

(上海瑞金二路 272 号　邮政编码 200020)

　　(1)网址：www.guji.com.cn
　　(2)E-mail：guji1@guji.com.cn
　　(3)易文网网址：www.ewen.co
上海展强印刷有限公司印刷

开本 890×1240　1/32　印张 5.625　插页 7　字数 107,000
2019 年 12 月第 1 版　2019 年 12 月第 1 次印刷
ISBN 978-7-5325-9433-7

K·2745　定价：65.00 元
如有质量问题,请与承印公司联系